Dieter von Holst (Hrsg.)
Rainer Mayer
Wolfgang Beischer

Wunder des Lebens

Dieter von Holst (Hrsg.)
Rainer Mayer
Wolfgang Beischer

Wunder des Lebens

Fünf Vorträge aus fünf Fachgebieten

Fromm Verlag

Impressum / Imprint
Bibliografische Information der Deutschen Nationalbibliothek: Die Deutsche Nationalbibliothek verzeichnet diese Publikation in der Deutschen Nationalbibliografie; detaillierte bibliografische Daten sind im Internet über http://dnb.d-nb.de abrufbar.

Bibliographic information published by the Deutsche Nationalbibliothek: The Deutsche Nationalbibliothek lists this publication in the Deutsche Nationalbibliografie; detailed bibliographic data are available in the Internet at http://dnb.d-nb.de.

Coverbild / Cover image: www.ingimage.com

Verlag / Publisher:
Fromm Verlag
ist ein Imprint der / is a trademark of
OmniScriptum GmbH & Co. KG
Heinrich-Böcking-Str. 6-8, 66121 Saarbrücken, Deutschland / Germany
Email: info@frommverlag.de

Herstellung: siehe letzte Seite /
Printed at: see last page
ISBN: 978-3-8416-0446-0

Inhaltsverzeichnis

Vorwort

WUNDER DES LEBENS

Der Anfang aller Weisheit ist das Staunen - Aristoteles

„Das Schönste, das wir erleben können, ist das Geheimnisvolle. Es ist das Grundgefühl,, das an der Wiege von wahrer Kunst und Wissenschaft steht. Wer es nicht kennt, der ist sozusagen tot und sein Auge erloschen." *Albert Einstein*.

Wir freuen uns, wenn wir in den Sternenhimmel sehen oder in eine schöne Landschaft vor uns blicken, wenn wir eine Blüte und einen Schmetterling beobachten, wenn wir gar ein neugeborenes Kind auf dem Arm halten. Dann erfüllt uns Dankbarkeit für das WUNDER DES LEBENS. Je mehr wir über die Geheimnisse des Kosmos lernen oder über die Rätsel des Lebendigen erfahren, desto größer wird unsere Ehrfurcht vor der Schöpfung und vor unserem Schöpfer.

Aber unsere Wirklichkeit zeigt auch die andere Seite: die Vorgänge auf unserem Planeten und das Leben können grausam sein – Vulkane, Tsunamis, Wüstenbildung, Hungersnöte, Krankheit, früher Tod, verfehltes Leben. – Wo ist Gott?

Für die meiste Not auf dieser Welt sind wir selbst verantwortlich. Denn wir wissen, dass Gott uns Menschen die Freiheit gegeben hat, uns selbst zu entscheiden für das, was gut ist oder für das, was nicht gut ist.

Mit dieser Frage beschäftigt sich eines der bemerkenswerten Gleichnisse Jesu: Das Gleichnis vom verlorenen Sohn. Gegen alle

Vernunft verlangte dieser die Auszahlung seines gesamten Erbes. Der Vater gab ihm die Freiheit und ließ ihn selbst über sein Schicksal entscheiden. Diese Freiheit, selbst über Klug oder Töricht, über Gut oder Böse zu entscheiden, ist das Größte, was der Schöpfer seinem Geschöpf gewähren kann.

Gewiss nicht alle Not auf dieser Welt ist menschengemacht. Könnte es sein, dass diese FREIHEIT ZUR SELBSTENTFALTUNG auch für den Kosmos gilt, ja für die Entwicklung des Lebens auf unserer Erde? In seinem Buch „Der freigelassene Kosmos" wendet *Georg Baudler* diesen Gedanken auf die Entfaltung der gesamten Schöpfung an. Danach ist wie der einzelne Mensch auch der Kosmos freigesetzt, sich zu entfalten. So viel wissen wir: Der Urknall, dessen Voraussetzung für die Wissenschaft ein – göttliches – Geheimnis bleibt, hat eine „Selbstorganisation" ausgelöst, die im Laufe von Jahrmilliarden aus dem Chaos Ordnung hervorgebracht und Naturgesetze entfaltet hat.

Dass wir keine Marionetten in der Hand Gottes sind, wird jeder Christ gerne bestätigen. „Das Höchste, das überhaupt für ein Wesen getan werden kann, ist, es frei zu machen" schreibt *Søren Kiergegaard* in seinem Tagebuch.

Hier liegt auch eine mögliche Antwort auf die bohrende Frage in jeder Not: „Warum lässt Gott das zu?" – die berühmte Theodizee-Frage: Weil Gott seine Schöpfung und seine Geschöpfe als sein Gegenüber für würdig geachtet hat, als „Freigelassene" ihren Weg selbst zu wählen. – Wahrlich das größte WUNDER DES LEBENS.

Fünf Vorträge

Der vorliegende Zyklus zum Thema WUNDER DES LEBENS bringt fünf Vorträge aus fünf Fachgebieten, die zwischen Februar und Mai 2011 im Rahmen des Gesprächsfrühstücks der Kirchengemeinden Stuttgart-Degerloch gehalten wurden.

Das Frühstückstreffen findet seit 15 Jahren mit jährlich 36 Veranstaltungen statt und wird lebhaft angenommen. Es bietet ein weites Spektrum an Themen: Vorträge aus Philosophie, Psychologie, Religion, Ökumene, Literatur, Kunstgeschichte und Naturwissenschaft; außerdem Bibellesungen, geistliche Besinnung, gemeinsames Singen und Klavierkonzerte.

Die nun im Druck vorliegende Vortragsreihe in leicht verständlicher Sprache, von den Autoren durchgesehen und z.T. ergänzt - lenkt zunächst unseren Blick hinter die Kulissen unseres „Himmelszelts" in die GEHEIMNISSE DES KOSMOS und seiner Entstehung. Wir dürfen sodann über die Wunder in den Gesetzmäßigkeiten des BIOLOGISCHEN LEBENS, aber vor allem über die Begabung des Menschen mit Geist und Seele staunen. Wir werden auf die Gesetze der MENSCHLICHEN PSYCHE hingewiesen und entdecken die Voraussetzungen für Lebensbewältigung im gelingenden Miteinander. Der MEDIZINER gibt uns einen Überblick über das in früheren Epochen begrenzte und heute erstaunlich erweiterte Ringen um Linderung und Heilung von Krankheit und Leiden. Endlich nimmt der THEOLOGE unser Denken mit auf den Weg der Rückbesinnung und Rückkehr des Geschöpfes zu seinem Schöpfer – die Erfahrung der Gnade Gottes, das größte WUNDER DESLEBENS.

Dieter von Holst

Vom Urknall bis heute - Was ist da passiert?

Professor Dr. Dr. Wolfgang Weidlich

Institut für theoretische Physik, Stuttgart

Unser Kosmos im Überblick

Der Kosmos ist voller Geheimnisse: Die Erde kreist um die Sonne, der Mond um die Erde. Welche Kräfte lenken sie und halten sie zuverlässig in ihrer Bahn?

Isaak Newton (1643-1723) formulierte 1666 das *Gravitationsgesetz: Masse zieht sich gegenseitig an.* Wenn wir stolpern, zieht es uns nicht etwa nach oben, sondern von der Masse unserer Erdkugel angezogen nach unten. Von Newton stammt auch das *Trägheitsgesetz: Jeder Körper verharrt im Zustand der Ruhe oder in der geradlinig-gleichförmigen Bewegung, solange keine äußere Kraft auf ihn einwirkt.* Der Fußball würde geradeaus weiterfliegen, d.h. in seiner Bewegung verharren, wenn die Gravitation nicht stärker wäre als das Beharrungsvermögen.

Im *Planetensystem* unserer Sonne herrscht also Gleichgewicht von gegenseitiger Anziehungskraft und Fliehkraft. Durch solch einen Kräfteausgleich können unsere Satelliten bei geeigneter Geschwindigkeit unbegrenzt lange die Erde umkreisen. Unser Sonnensystem mit seinen Planeten und deren Monden ist Teil unserer *Galaxis*, der Milchstraße mit ihren hundert Milliarden weiterer Sonnen. Und unsere Milchstraße ist nur eine von Millionen weiterer Galaxien, Sternhaufen, Quasaren. Darin gibt es Pulsare und Supernovae.

EINFÜHRUNG

Lichtjahre als Entfernungsmaßstab

Wir müssen bedenken, mit welchen Größenordnungen und Entfernungen wir es bei den Galaxien zu tun haben. Da sind ein paar in der Nähe, z.B. der Andromeda-Nebel, den man mit bloßem Auge in der Nacht sehen kann und der 2 Millionen Lichtjahre von uns entfernt ist. Das ist wenig - kosmische Nachbarschaft! Dieser Andromeda-Nebel bewegt sich auf uns zu. Eines Tages wird er sich vielleicht mit der Milchstraße vereinigen. Es gibt zwischen den Galaxien auch Wechselwirkungen, so dass sie umeinander herum tanzen und sich auch vereinigen.

Wir beobachten den Himmel. Wir können nie dahin fahren. Denn Lichtjahre heißt ja, mit *Lichtgeschwindigkeit* würde ich bis zum Andromeda-Nebel 2 Mio. Jahre brauchen.

Ein *Lichtjahr* ist die Strecke, die das Licht in einem Jahr zurücklegt. Dies ist für die Kosmologie ein wichtiger Parameter. Die Geschwindigkeit des Lichtes kann man messen, das bedeutet 300.000 km pro Sekunde. Wir haben heute eine gewisse Anschauung dafür: Der Mond ist 400.000 km von der Erde entfernt, das ist der nächste Nachbar. Da haben wir es geschafft hinzufahren. Das Licht ist in 1 1/3 Sekunde von der Erde zum Mond gelangt. Als damals der Astronaut Armstrong gelandet war, stieg er aus und sagte: Ein kleiner Schritt für mich, aber ein großer Schritt für die Menschheit. Und dann telefonierte er mit dem amerikanischen Präsidenten. Der Präsident gratulierte, und dann dauerte es fast drei

Sekunden, bis die Antwort kam, denn das Telefon übermittelt seine Signale mit Lichtgeschwindigkeit.

Schlimmer wäre es beim Mars, da geht es nämlich schon um Lichtstunden. Weit weg ist der Mars, und wenn man dort wirklich eines Tages landen sollte, wäre die Unterhaltung von dort viel schwieriger. Blicken wir auf den Andromeda-Nebel mit seinen zwei Millionen Lichtjahren! Das Licht, was jetzt dort ausgesandt wird, kommt bei uns in zwei Millionen Jahren an. Da werden wir alle nicht mehr leben. Und wer weiß, was die ganze Menschheit dann macht. Jedenfalls können wir nur indirekt die Verhältnisse ausmessen und die Signale auswerten.

Erforschung des Kosmos

Was gibt es für *Untersuchungsmethoden*: Wir können den Himmel in allen *Wellenlängen des Lichtes* messen, nicht nur im sichtbaren Licht, auch im unsichtbaren Infrarot bis hin zu den Radiowellen; da haben wir diese großen Empfänger (100 m im Durchmesser in der Eifel, die Radiowellen empfangen), andererseits gibt es noch kurzwellige, Gammawellen und die Mikrowellen, die wir empfangen können. Diese *Spektren des Lichts* kann man auswerten und den aussendenden Atomen der Elemente zuordnen. Z.B. die Sonne enthält Helium (Helios = Sonne). Dieses Element gibt es auch auf der Erde. Durch sein Spektrum, also durch die Lichtart, die es aussendet, hat man es zunächst auf der Sonne gefunden und sich gefragt, was ist denn das für eine komische Spektralverteilung und dann hat man das Helium auf der Erde angeschaut und festgestellt, dass es dasselbe Element ist wie auf der Sonne. Man kann also folgern, dass es im Weltraum Wasserstoff und

Helium gibt. Aber die Sterne sind komplizierter aufgebaut. Das ermittelt man aus ihren Spektren.

Jugend und Alter

Ein weiterer Punkt, den ich nur kurz andeuten möchte: Unabhängig vom Aufbau des Kosmos als Ganzem spricht man von einer Spätphase, in der wir jetzt leben. Was machen denn die Sterne? Leben sie ewig? Ach was, sie leben nicht ewig. Sie haben eine Geburt, eine Jugend, ein Alter und dann haben sie einen ziemlich dramatischen Tod. Die *Entwicklung der Sterne* beginnt mit einem kontrahierenden Nebel, der sich immer mehr zusammenzieht und sich im Zentrum erhitzt. Es wird immer heißer. Es wird so heiß, dass dort eine *Kernreaktion* einsetzt: Wasserstoffkerne verschmelzen über Zwischenreaktionen schließlich zu Heliumkernen. Dabei wird Strahlungsenergie freigesetzt. *Die Sonne ist eine stationär explodierende Wasserstoffbombe* - keine Angst, sie strahlt friedlich. Weil sie durch die Gravitation zusammengehalten wird, explodiert sie nicht. Eigentlich würde dieser Stern ganz in sich zusammenbrechen. Das tut er aber nicht, weil diese Kernreaktion Energie freisetzt. Diese Energie erzeugt im Inneren einen Strahlungsdruck nach außen. Der hält den ganzen Stern im Gleichgewicht, so dass er sich nicht weiter zusammenzieht. Und das dauert Milliarden von Jahren. Dabei wird allerdings auch Energie aufgebraucht.

Es gibt also den *Verschmelzungsprozess von Wasserstoff*. Das betrifft nicht das Gas, sondern die Atomkerne von Wasserstoff, die zum Schluss zu Heliumkernen verschmelzen. Darum haben wir auch auf der Sonne so viel Helium. Das ist die Asche von diesem Prozess. Das dauert sehr lange und ist auch sehr sparsam. Die Sonne ist ein sehr sparsamer Kandidat. Es gibt auch schnelllebige Sternarten. Das ist bei den Sternen so wie bei den Menschen. Es gibt Leute, die das Leben schnell durchmachen und Sexualerfolge haben und sonst nichts, aber dann sterben sie auch schnell. Wer mehrere Laster zusammenbringt, lebt umso kürzer. So ist das mit den Sternen. Die ganz großen Sterne, die z.B. 10 Sonnenmassen haben, leben bei weitem kürzer als die Sonne. Wir können zufrieden sein, dass wir so einen anständigen Stern im Mittelpunkt haben, der vor 4 1/2 Milliarden Jahren entstanden ist und auch noch mal so lange leben wird. Die Katastrophe kommt am Ende, wenn dieser Brennstoff aus Wasserstoff-Kernen zu Ende geht. Dann implodiert sie und explodiert. Dann gibt es eine *Supernova*. Die Reste von Supernovae kann man im Weltall beobachten als Nebel in kreisförmiger Gestalt.

Die kosmische Hintergrundstrahlung

Heute schickt man Satelliten in den Weltraum, um die *Gammaquanten* auszumessen. Das kann man nicht auf der Erde machen. Diese Strahlen werden in der Erdatmosphäre absorbiert. Aber nun gab es 1965 eine ganz neue Entdeckung, die heute fast im Mittelpunkt der Forschung der Astronomen steht. Ein gewisser A. A. Penzias und Robert Wilson sahen sich als Mikrowellenspezialisten zuerst auf der Erde um. (Denken Sie an den Mikrowellenherd). Sie suchten dann auch im Weltall, wo solche Wellen vorkamen. Aber sie haben Folgendes festgestellt: Egal wo sie suchten, es knisterte immer im Apparat (Knistern nennen die Physiker dieses Rauschen): Ein statistisches Einfallen von nicht vermeidbaren Wellen. Konnte das am Apparat selber liegen? Sie kühlten das Ding erst mal auf minus 270 Grad Celsius, damit sämtliche Störungen in dem Apparat, der sich selbst mit Wellen vollstrahlt, beseitigt würden. Das Knistern hörte nicht auf. Da kamen sie auf den entscheidenden Gedanken: Jenseits aller Sterne im ganzen Weltall kommt, homogen verteilt, von allen Seiten gleichmäßig eine ganz schwache Strahlung.

Solche Strahlung versteht man gut. Seit dem Jahre 1900 gibt es das *Plancksche Strahlungsgesetz*, das die Verteilung der Wellenlängen bei einer gegebenen Temperatur beschreibt. Je tiefer die Temperatur ist, desto länger sind die Wellen, desto schwächer ist die Strahlung, und wenn sie zu tief ist, empfängt man sie im sichtbaren Bereich nicht mehr. Wir kennen das alles, wenn ein Kachelofen geheizt wird. Erst strahlt die Wand dunkelrot. Wenn man den Ofen dann so richtig auf Schwung bringt, kann er auch gelblich strahlen, vielleicht sogar ein bisschen bläulich, also kurzwelliger, wenn er ganz heiß ist. Das ist die Plancksche Strahlung.

Wir strahlen alle: Wenn man rechnet, dass unsere Körpertemperatur mit rund 37 Grad von dem absoluten Nullpunkt 310 Grad entfernt ist. Minus 273 Grad ist der *absolute Nullpunkt*. Darunter ist alles eingefroren, denn die Temperatur hat auch ihre absolute Grenze. Und jetzt haben Penzias und Wilson festgestellt, dass diese Strahlung, die vom Kosmos kommt, der Rest des Urknalls ist. Am Anfang war es wahnsinnig heiß, hat sich aber immer weiter abgekühlt. Das Weltall hat jetzt seine absolute Temperatur von 2,7 Grad über dem absoluten Nullpunkt erreicht. Und diese Strahlung stammt als *Reststrahlung vom Urknall*, wo alles noch homogen verteilt war und es noch gar keine Sterne gab.

Die Expansion des Weltalls

Es gibt eine *kritische Dichte* des Weltalls, und von dieser kritischen Dichte hängt alles ab: Wenn die Dichte größer ist, dann würde das Weltall wieder in sich zusammenfallen, wenn sie kleiner ist, dann würde das Weltall sich immer weiter ausdehnen. Dann hält die Gravitation das Weltall nicht mehr zusammen. Noch vor 20 Jahren dachten auch die Astrophysiker, es würde zusammenbrechen. Wir haben so was wie den Jüngsten Tag - da werden wir schon theologisch - der kommt in etwa 80 Milliarden Jahren. Mittlerweise können wir nachweisen, *dass das Weltall sich immer weiter ausdehnt.* Das bedeutet, dass die mittlere Massendichte zu klein ist, um das Weltall jemals wieder zusammenzuführen.

Die Dichte im All kann nur geschätzt werden, denn dort herrscht *Hochvakuum.* So sehr kann man bei uns einen Kubikmeter gar nicht auspumpen, dass da nur noch ein bis zwei Protonen oder Wasserstoffatome drin sein sollen. Kein Physiker ist in der Lage, so ein Hochvakuum herzustellen. Wir dagegen sind ganz schön voll mit Atomen - aber im Weltall ist fast nichts.

Mittlerweile hat man festgestellt, dass es im Weltall auch noch *dunkle Materie* geben muss. Die hypothetischen Teilchen heißen WIMPS (*weakly interacting massive particles*). Sie wirken nur per Gravitation und können daher sehr schwer nachgewiesen werden.

E.P. Hubble (1899-1953) entdeckte, dass sich die mehr als 100 Millionen Lichtjahre entfernten *Galaxien* immer weiter von uns entfernen. Sie sind nur mit großen Teleskopen, z.B. mit dem Hubble-Weltraumteleskop zu entdecken. Ihr Licht, d.h. ihre Spektrallinien, verändern sich, sie werden immer rötlicher. Diese *Rotverschiebung* - in % gemessen - ist ein Maßstab für die *Geschwindigkeit der Expansion* des Weltalls. (Die Formel der *Hubble-Konstante* bestimmt die Geschwindigkeit proportional zum Abstand).

Einsteins Relativitätstheorie

Vor Einstein wurde die Welt als ein starres Gerüst in Raum und Zeit gedacht: Raum definiert in Länge, Breite und Höhe - unendlich, geradlinig ausgedehnt. Die Zeit war ebenso geradlinig von minus unendlich (Vergangenheit) bis plus unendlich (Zukunft). **Albert Einstein** stellte das in Frage. Es könnte eine *gekrümmte Welt* geben - vergleichbar der Oberfläche einer Kugel, die in den dreidimensionalen Raum eingebettet ist. Die Oberfläche ist zweidimensional mit Länge und Breite. Sie ist ohne Begrenzung, aber doch nicht unendlich. Der Weltraum aber dehnt sich ständig weiter aus. Wir müssen uns als Analogie einen Luftballon vorstellen, der immer weiter aufgeblasen wird. Seine *Oberfläche weitet sich aus.* Zwei gedachte Punkte auf dieser Oberfläche entfernen sich entsprechend dem zeitlichen Ablauf von einander.

Einsteins Allgemeine Relativitätstheorie, ART, um 1914-16, fügt den drei Raumkoordinaten eine 4. Dimension hinzu: *die Zeit.* Um der Wirklichkeit gerecht zu werden und den existierenden Raum beschreiben zu können, formulierte er komplizierte mathematische Gleichungen, die den Raum und seine Ausdehnung, die Materieverteilung im Raum und deren Geschwindigkeit, ihren Druck und ihre Energiedichte, die Krümmung des

Raumes und der Zeit einschloss. Dabei bestimmt die Materieverteilung die Krümmung der Raum-Zeit und ihre Weiterentwicklung.

Ausgangspunkt für Einsteins berühmte Gleichung ist der seit 2500 Jahren gültige Satz des Pythagoras zur Beschreibung von Abständen und Flächen: $a^2 + b^2 = c^2$. Einstein konnte auf den Mathematiker Riemann zurückgreifen, der schon 100 Jahre zuvor *gekrümmte Räume* abstrakt berechnet hatte. Einstein betrachtete den Raum-Zeit-Abstand von zwei Punkten. Dieser *Abstand* hat es in sich! Er entscheidet darüber, ob die Welt im Ganzen flach oder gekrümmt ist.

Ein einfaches Beispiel dafür, wie man durch Längenmessungen feststellen kann, ob der Raum, in dem man sich befindet, flach oder gekrümmt ist, ist das Folgende: Ein Wesen auf einer *Kugeloberfläche* will feststellen, ob es sich auf einer flachen Ebene oder der gekrümmten Kugeloberfläche befindet. Es läuft vom Nordpol längs eines Meridians die Strecke r und schlägt sodann mit diesem Radius einen Kreis um den Nordpol und misst seinen Umfang U. Wäre es auf einer flachen Ebene, so würde gelten: $U = 2\pi r$. Das Wesen wundert sich, dass der Umfang etwas kleiner ist als $2\pi r$. Schließlich läuft es längs des Meridians vom Nordpol bis zum Äquator und legt die Strecke R zurück; dann um den Äquator herum und stellt fest, dass dessen Umfang 4R ist. Hier gilt also $U = 4R$, und nicht $U = 2\pi R$. Dann muss es wohl auf einer Kugeloberfläche sein, und nicht auf einer Ebene!

Krümmung des Raumes ergibt sich *auch* da, wo die *Strahlung*, das Licht etc. *durch Gravitation* von ihrer geraden Bahn abgelenkt wird. In kleinem Rahmen können wir bereits nachweisen, dass Strahlung zur Erde beim Passieren der Sonne eine kleine Ablenkung in Richtung Sonne erfährt, verursacht durch eine Krümmung der Raumzeit. Viel stärker wirkt dieser Effekt im Großen durch die Galaxien im Kosmos.

Die Naturgesetze

Diese Erkenntnisse folgen nicht etwa der Phantasie, sie folgen mit Notwendigkeit unter der Grundannahme jener *Universalität der Geltung der Naturgesetze*. Diese gelten nämlich nicht nur jetzt oder wie eine pädagogische Mode für 20 Jahre (z.B. Politik, da hält es maximal eine Legislaturperiode). Naturgesetze gelten natürlich auch noch, nachdem wir gestorben sind, also z.B. die nächsten 1000 Jahre usw. Daher kommt es, dass Physiker eine gewisse Seelenruhe ausstrahlen. Die Seelenruhe kommt von der Stabilität der Naturgesetzlichkeiten. Sie brauchen nicht wie in der Geisteswissenschaft immer wieder umzulernen, wie in der neuen Mode, dem neuen Zeitgeist, dem man sich anpassen muss. Denken Sie sich einen Germanisten, der 80 oder 90 Jahre alt ist. Erst kam die Weimarer Republik, das war vernünftig. Danach kam der Hitler. Während der Nazizeit musste er sich umstellen. Dann war alles kaputt. Lebte er in der DDR, musste er sich nunmehr auf die nächste Diktatur einstellen. Dann kam die Wende 1990. Wieder musste er sich umstellen. - Das alles in weniger als einem Jahrhundert!

Demgegenüber erleben wir die *Stabilität der Naturgesetze*, die noch in Milliarden Jahren gelten, so z.B. das Plancksche Gesetz. Bei ihm kann man nachweisen, dass es über 13 Milliarden Jahre seit dem Urknall seine Struktur nicht verändert hat. - Ich denke schon, dass diese Dinge miteinander zusammenhängen - die Seelenruhe und die Stabilität der Naturgesetze.

Wer religiös denkt, wird das natürlich auch mit *Gottes Schöpfung* zusammenbringen, denn die Naturgesetze gehören dazu. Es ist nicht so, wie manche Theologen gedacht haben, dass die Naturgesetzlichkeit überhaupt nicht zur Schöpfung gehört: Da ist die Natur und hier ist der liebe Gott. Das ist ein lächerlicher Gottesbegriff, kann ich da nur sagen. Wo Gott doch der Schöpfer des Universums und der Naturgesetze zu sein hat, sonst ist es ein lächerlicher „Gott", so eine Art lokaler Hausgott wie in der Antike, wo in jeder Ecke ein anderer Gott war und verehrt wurde. Das geht nicht, wenn man von einem vernünftigen Gottesbegriff ausgeht. Dieser vernünftige Gottesbegriff hat die *Naturgesetze als Leistung der Schöpfung* einzuschließen und nicht auszuschließen. Da habe ich meinen Ärger mit einigen Theologen.

Materie und Strahlung im Mikrokosmos

Zur Vorbereitung eines Verständnisses des Urknalls müssen einige in der *Quantentheorie* erforschten Strukturen des Mikrokosmos erwähnt werden, denn um den Makrokosmos zu verstehen, muss man Einiges über die *Materie* wissen, aus welcher der Kosmos besteht. Seit der Quantentheorie, die 1900 von Max Planck (1858-1947) eröffnet wurde, gibt es den *Welle-Teilchen-Dualismus*: Licht aller Wellenlängen hat einerseits den Wellenaspekt, besteht andererseits aus *Lichtquanten*, den *Photonen*, d.h. kleinen Energieportionen.

Ein anderer Aspekt der Quantentheorie besagt, dass jedem Elementarteilchen ein *Antiteilchen* zugeordnet werden kann. Es besitzt die gleichen Eigenschaften, Gewicht, Lebensdauer etc., aber *entgegengesetzte elektrische Ladung* und magnetisches Moment. Bei der Umwandlung von Energie (Strahlung) in Materie (Masse) entstehen Paare von Teilchen und Antiteilchen. Strahlung bewirkt *Paarerzeugung*. Wenn ein Teilchen und sein Antiteilchen aufeinandertreffen, so zerstrahlen sie andererseits in Energie: das heißt *Gammaquanten*, das bedeutet *Paarvernichtung*. Die berühmte *Einsteingleichung* $E = mc^2$ bezeichnet die Gleichwertigkeit/Äquivalenz von Energie E und Masse m (c = Lichtgeschwindigkeit). Man kann sagen: Masse ist gefrorene Energie.

Das Atom

Die *Bausteine des Atoms* sind der *Atomkern* und die ihn umschwebenden *Elektronen*. Der Atomkern besteht aus seinen Elementarteilchen – das sind die *Protonen* und *Neutronen*. Aus den Atomen bildet sich Materie. Die Anzahl der Protonen und Neutronen in einem Atomkern entscheidet über die Zugehörigkeit zu einem chemischen Element. Zum Kräftespiel im Kosmos gehören aber neben den Masse tragenden Elementarteilchen die masselosen Lichtquanten der elektromagnetischen Strahlung, die *Photonen*, die auch heute noch das gesamte Weltall erfüllen.

DER URKNALL

Die ersten drei Minuten

Jetzt kommen wir zum Urknall und der folgenden Entwicklung. Es gibt ein Buch von Steven Weinberg, das heißt *"Die ersten drei Minuten"*. Die allererste Phase währte tatsächlich nur Bruchteile einer Sekunde. Über diese ersten 3 Minuten reden wir jetzt und dann können wir wieder auf die Zeit kommen, bei der es über Milliarden Jahre geht. Am Anfang passierte in unheimlich kurzer Zeit unheimlich viel. Dann ging es stufenweise herunter.

Es entstand zunächst sozusagen durch eine Instabilität des Nichts, wodurch *"Schöpfung"* stattfand, ein unendlich dichter, unendlich heißer Feuerball, der sich ausdehnte und dabei abkühlte. Mit dieser Abkühlung veränderte sich an gewissen *Temperaturschwellen* die Zusammensetzung des Universums. Bei höchster Temperatur bestand die Materie im Universum aus *reiner Strahlung*. Erst bei abnehmenden Temperaturen entstand kompakte, kondensierte Materie.

Energieaustausch

In der *ersten Phase nach dem Urknall* befinden sich alle Elementarteilchen bei Höchsttemperatur im Gleichgewicht. Das bedeutet, dass zwischen den Teilchen und Antiteilchen ein Vernichtungsprozess vor sich geht, bei dem strahlende Photonen-Energie entsteht. Gleichzeitig erzeugt die Strahlung neue Paare. Es entspricht dem *Energieerhaltungssatz*, wonach bei diesem Werden und Vergehen die Energie stets erhalten bleibt - in Form von Strahlung oder von masse-behafteter Materie. Diese Vorgänge finden nur so lange statt, wie die Temperatur hoch genug und damit die Photonen-Energie stark genug ist.

Vernichtung der Antimaterie

In der *zweiten Phase* ist die Temperatur mit der Ausweitung des Universums so weit gesunken, dass die thermische Photonenenergie nicht mehr ausreicht, um ein Teilchen-Antiteilchen-Paar zu erzeugen. Es überwiegen dann die Teilchen-Antiteilchen-Vernichtungsprozesse: Sie zerstrahlen in Photonen. Es entsteht dabei ein Überschuss an Teilchen gegenüber ihren Antiteilchen. Bei der Zerstrahlung bleiben also *Protonen und Neutronen* etc. übrig als *Materie*. Wir bestehen aus Materie. Antimaterie als einzelne Teilchen kann man heute nur noch in jenem Superbeschleuniger CERN bei Genf erzeugen. Nach Schätzung kommen im Kosmos heute auf ein Kernteilchen Materie 10 Milliarden, also 10^{10} Photonen als Strahlung.

Die Elektronen-Positronen-Vernichtung

In der *dritten Phase* nach dem Urknall reicht die Photonenenergie - abhängig von der Temperatur - auch nicht mehr aus, um das Nebeneinander von Elektronen und ihrer Antiteilchen, den Positronen, zu ermöglichen. Sie vernichten sich gegenseitig. Aber es bleiben "wenige" *Elektronen* übrig. Deren Anzahl stimmt mit der der überlebenden

Protonen überein, so dass - später - Atome, also die uns vertraute Form der Materie, entstehen kann.

Protonen sind elektrisch positiv geladen, Elektronen negativ. Wir haben ein elektronisch neutrales Universum. Hätten wir einen Überschuss an positiver *elektrischer Ladung*, würde ihre abstoßende elektrische Kraft die Gravitation bei weitem über-treffen, und der Kosmos - wie wir ihn kennen - könnte nicht existieren.

Seit dem Urknall sind nun in unserer Betrachtung zehn- bis hunderttausend Jahre vergangen, wenig im Verhältnis zu dem, was folgt.

Die ersten Atomkerne

Die *4. Phase* bezeichnet die *kosmische Kernsynthese*. Es bildet sich aus einem Proton und einem Neutron ein *Deuteriumkern*, der Kern des *Schweren Wassers* mit schwacher Bindungskraft. Er kann leicht zerfallen und dient als Zwischenelement zur Bildung höherer Atomkerne. (In der Kernphysik wird heute das Deuteriumatom als Schweres Wasser verwendet. Es kann als Moderator bei der Kettenreaktion der Kernspaltung dienen).

So schließen sich Teilchen zu Kernen zusammen, 2 Protonen mit 2 Neutronen bilden den *Kern von Helium*. Man hat errechnet, dass in der ursprünglichen kosmischen Kernsynthese schließlich aus Protonen und Neutronen etwa 73% Wasserstoffkerne und 27% Heliumkerne entstanden. Die freien Neutronen wurden dabei aufgebraucht und in die Heliumkerne eingebunden.

Entkopplung von Strahlung und Materie

5. Phase: Wir sind immer noch im *Plasma*. Plasma besteht nicht wie ein Gas aus Atomen, sondern aus geladenen Teilchen, die sich noch nicht gebunden haben. Jetzt beginnt aber die *Bildung neutraler Atome*, die nur bei ziemlich niedriger Temperatur stattfindet, nämlich bei ungefähr 3000 Grad im Weltall.

Bei der Bildung neutraler Atome fangen die *positiven Protonen* bzw. die aus Protonen und Neutronen bestehenden Kerne eine gleich große Zahl von *negativ geladenen Elektronen* ein. Die Atome eines chemischen Elementes sind gekennzeichnet durch die Kernladungszahl, d.h. die Anzahl der positiven Protonen im Kern. Zum Beispiel besteht der Kern von Uran 238 aus 136 Neutronen und 92 Protonen. Er wird umkreist von 92 Elektronen.

Das hatte nun die ganz entscheidende Folge, dass der Kosmos *durchsichtig* wurde. Was bedeutet das? Diese neutralen Atome lassen Licht hindurch wie Fensterscheiben. Sie haben ziemlich dichte Materie und trotzdem kommt das Licht durch. Die geringe Wechselwirkung zwischen der Materie und Licht ist hierfür maßgebend.

Strahlung, d.h. Photonen, kühlen schneller ab als die Materie. Die Wechselwirkung zwischen Strahlung und kompakter neutraler Materie lässt nach, eine Trennung der zeitlichen Entwicklung von Strahlung und kompakter neutraler Materie stellt sich ein, und diese *"Parallelgesellschaften"* entkoppeln sich. Diese im All verteilte Strahlung ist nun sogar nachgewiesen worden. 1965 wurde die kosmische

Hintergrundstrahlung (siehe oben) als Rest vom Urknall erkannt und gilt heute als Pfeiler unseres Wissens über diese Vorgänge.

Materie beginnt zu klumpen

6. Phase. Bisher war die Materie homogen, fein verteilt, staubartig im ganzen Kosmos verteilt. Statt der elektrischen Abstoßung bzw. Anziehung überwiegt nun die *Kraft der Gravitation*. Auch die thermische Bewegung lässt durch die Senkung der Temperatur nach. Da zieht die Gravitation die massebehafteten Teilchen, die Atomkerne, zusammen. Die Materie beginnt zu klumpen, sich in Klumpen abzusondern. Das ist der Beginn der Bildung von Galaxien und Sternen. Dieser Prozess vollzieht sich in Hunderttausenden von Jahren. *Die anfänglichen Klumpen* könnten eine Masse von 10.000 Sonnen enthalten entsprechend den heute noch zu beobachtenden *Kugelsternhaufen*, die sehr langlebig sind und als das Resultat der ersten Klumpungsprozesse im Weltall gedeutet werden. Erst später setzten sich solche Prozesse fort, es blieb nicht bei homogenen Klumpen: Durch Instabilitäten entstanden kleinere Einheiten, Sterne und auch unsere Sonne.

Der Klumpungsprozess führt allerdings nicht zum völligen Zusammensturz der Materie. Dafür sorgt der *Drehimpulserhaltungssatz*. Zum Beispiel kreisen Planeten um die Sonne unter Erhaltung ihres Drehimpulses. Deshalb können sie trotz Gravitation nicht in die Sonne stürzen.

Voraussetzungen des Lebens

Die *Existenz von Planeten* ist natürlich eine der wichtigsten Voraussetzungen des Lebens. Leben kann ja nur auf Planeten entstehen, d.h. auf kalten, nicht strahlenden Planeten, die um eine wärmende Sonne kreisen. Lebensentscheidend für unsere Erde ist ihr *Eigendrehimpuls* um die eigene Achse. Der verschafft uns innerhalb von 24 Stunden Tag und Nacht, Licht und Dunkel, Sonne und Sternenhimmel, Wärme und Kälte. Es müssen aber noch mehr Dinge zusammenkommen, um Leben zu ermöglichen, wie z.B. Wasser, Atmosphäre, usw. Dies ist in unserem Sonnensystem nur auf der Erde möglich; bei den anderen Planeten ist es schief gegangen. Dies ist wie bei uns in der Natur, nicht aus jedem Korn wird eine Pflanze.

Planeten und Sonnen

Man hat ja diese Sternpopulationen. Es gibt leuchtende Fixsterne und Planeten. In Wirklichkeit kreist ein Planet nicht um die Sonne, sondern die Erde *und* die Sonne kreisen um einen *gemeinsamen Schwerpunkt*. Der kleine Planet rast zwar um die Sonne. Da diese viel schwerer ist, macht sie nur eine kleine Bewegung. Aber diese kleine Bewegung kann man im Fernrohr sehen. Wenn also ein leuchtender Stern im Fernrohr einfach nicht ruhig stehen bleibt und immer ganz kleine Bewegungen macht, dann ist das ein Zeichen dafür, dass es einen dicken Planeten drum herum gibt, und da diese beiden um einen Schwerpunkt kreisen, macht das von uns aus gesehen in der Regel eine gemeinsame Hin- und Her-Bewegung. So kann man die Existenz eines Planeten entdecken.

Man kennt heutzutage mehrere hundert Sterne und sucht nach weiteren, bei denen man mit ziemlicher Sicherheit von einem *Planetensystem* ausgehen kann.

Jedes zweite Sternensystem ist ein *Doppelstern*, d.h. in Wirklichkeit kreisen zwei Sonnen umeinander. Das kann man schon mit einem einfachen Fernrohr sehen. Bei denen könnte kein ordentlicher Planet bestehen, denn da hätten wir ein Dreikörperproblem - den kleinen Planeten und die zwei Sonnen. Dann wäre auch die Bahn des Planeten ganz anders. Da gab es schon 1900 große Preisausschreiben: Wie verlaufen die Bahnen eines Newton-Dreikörpersystems? Da hatte der Mathematiker Poincaré, gezeigt, es gibt chaotische Bewegung. Nun stellen Sie sich vor, hier kreisen jetzt die Sterne, sie leuchten und geben eine Menge Energie ab und der Planet würde zwischen den Sternen auf und ab schwingen, dann würde es sehr heiß und wieder sehr kalt werden. Da stirbt jedes Leben ab und auch das Meer verdampft usw. Die Genauigkeit der passenden Parameter, die eben nötig sind, damit sich überhaupt Leben entwickeln kann, muss sehr fein abgestimmt sein!

Wunder des Lebens

Es ist ein Wunder: Wir sind seltene Exemplare der Schöpfung. Wir sollen dankbar sein, dass wir so ein Leben haben, weil wir auch Freiheitsspielraum haben, den die Schöpfung uns bietet. Der *Freiheitsspielraum* erlaubt uns im engen Rahmen, eigene Entscheidungen zu treffen. In der Bibel gibt es Dinge, die wir symbolisch auffassen können - sehr wertvolle Wahrheiten. Es ist wichtig, dass wir uns da einlesen: Wir sind das *Ebenbild Gottes*. Das bedeutet, dass wir einen Teilspielraum für *eigene Entscheidungen* besitzen, verknüpft mit Fügung. Und dies stellt uns in eine entscheidende Gleichartigkeit zu dem Schöpfer - und in eine gewaltige Verantwortung!

Der Mensch – nur Natur oder einzigartig?

Dr. habil. Hans-Jörg Hemminger, Biologe

Weltanschauungsbeauftragter der Evangelischen Kirche

Wie bewältigen wir unser Leben, dass etwas Lebendiges in uns wächst?

Gott schuf den Menschen zu seinem Bilde! Der Mensch ist nicht nur Fleisch, sondern Geist!

Ich bin Weltanschauungsbeauftragter der Evangelischen Landeskirche, aber heute bin ich nicht mit einem dafür typischen Thema hier, sondern mit einem Thema meiner wissenschaftlichen Vergangenheit. Darin bin ich nämlich Verhaltensbiologe und habilitierte an der Universität Freiburg zum Thema „Strukturen der Verhaltensbiologie des Menschen". D.h. ich habe jetzt die Freude, über etwas zu sprechen, das ich in der Vergangenheit in der Wissenschaft sehr gut kannte. Wir wollen in einigen Schritten dem Wunder des Lebens nachgehen, speziell was die Natur des Menschen angeht, wie sie aus der Natur des Lebendigen hervorgeht und vielleicht dennoch einzigartig ist.

Die Evolution umfasst Biologie und Geist

Wenn man über das Wunder des Lebens spricht, dann spricht man aus der Sicht heutigen Wissens über Evolution, über Entfaltung, und zwar auch beim Kosmos, was vor 100 Jahren noch kein Mensch gedacht hatte. Die heutige Kosmologie ist eine Entfaltungstheorie, eine dynamische historische Theorie. Das gilt noch mehr für die Entfaltung des Lebens, denn wenn wir vom Leben sprechen, sprechen wir von einem ungeheuerlich dynamischen Prozess, von dem wir heute sehr viel mehr wissen als früher.

Sie sehen hier in einer künstlerische Darstellung eine Skizze der heutigen Vorstellung, wie die Evolution des Menschen in etwa verlief, . Was wir tatsächlich zur Verfügung haben sind keine solchen Abbilder, sondern Schädelknochen, Skelett-Teile, Artefakte usw. Aber so ungefähr mögen unsere Vorfahren ausgesehen haben bis hin zum Homo sapiens, hier als eine hübsche Afrikanerin dargestellt. Die evolutionäre Dynamik ist bei uns Menschen zeitlich überaus kurz gegenüber der übrigen Evolution. Die Zeitleiste erstreckt sich für Menschen und Vormenschen über 3 ½ bis 4 Mio. Jahre. Das ist wenig auf der biologischen Skala der Entfaltung des Lebendigen.

Aber was bedeutet der Begriff Evolution genau? Spätestens seit Charles Darwin ist die Idee der Evolution auf zwei Ebenen angesiedelt. Auf der einen Seite steht die biologische Theorie: Biologen rekonstruieren einen Stammbaum; sie entwickeln eine kausale Theorie dazu, was die Triebkräfte der Evolution sind usw. Das ist die eine, die naturwissenschaftliche Ebene. Uns geht es aber auch um den Menschen. Und der betrachtet sich selbst nie nur objektivierend, nur als Gegenstand der Naturwissenschaft. Deswegen hatte das Nachdenken über Evolution auch immer eine umfassende, weltanschauliche Ebene. Man deutete die Evolution weltanschaulich als ein größeres Geschehen, über das hinaus, was die Biologie wissenschaftlich behandelt. Ich möchte diese Ebene des Evolutionsbegriffs als die Idee von der Entwicklung des Weltgeistes bezeichnen.

Wenn man die Geistesgeschichte seit Charles Darwin nachzeichnet bemerkt man, wie die naturwissenschaftliche und weltanschauliche Seite des Evolutionsbegriffs interagieren. Die biologische Evolution wird von manchen Biologen selbst, mehr noch von Philosophen und Theologen, sinnhaft interpretiert, als ein Schlüssel zu Sinn und Ziel des Weltenlaufs.

Auch Charles Darwin, ein scharfsinniger Biologe, vertrat auf der Ebene sinnhafter Evolutionsdeutung die Idee, dass sich über die Biologie hinaus die menschliche Moral und Politik zum Besseren hin entwickeln werde. Er hatte die feste Erwartung, dass die Übel der Welt und des Lebens allmählich durch Evolution überwunden würden. D.h. wir treffen selbst bei Darwin, der schwerpunktmäßig biologische Forschung betrieb, auf die Vorstellung, dass die Evolution des Menschen aufgrund des Wesens menschlichen Seins einzigartig sei. Im Menschen, so diese Vorstellung, überschreitet die Entfaltung des Lebendigen die Biologie hin zu einer Entfaltung des Geistes, der Kultur und der Moral. Wir wollen die beiden Ebenen des Evolutionsbegriffs im Gedächtnis behalten, wenden uns aber vorerst der biologischen Perspektive zu: Welches sind aus biologischer Sicht Eigenschaften des Lebendigen?

Das Leben und der Mensch aus biologischer Sicht

Zum Staunen regt keineswegs nur die geistige Entfaltung des Menschen an. Auch seine biologische Natur ist staunenswert. Dazu einige wenige Einblicke in das heutige Wissen:

Eine bemerkenswerte Eigenschaft des Lebens – von der Charles Darwin noch nichts wissen konnte - ist dass die chemischen Bausteine des Lebendigen unglaublich einheitlich sind. Wenn man das Leben in einem Garten betrachtet, reicht das Spektrum der Organismen vom Bakterium bis zum Menschen, vom Hundertfüßler bis zum Buchsbaum. Zwischen diesen Organismen gibt es krasse Unterschiede an Größe, Komplexität, Lebensweise usw.; dennoch sind ihre chemischen Bausteine nahezu gleich.

Wenn Sie beim Kaffee in Ihrem Garten sitzen, neben sich einen Rosenstrauch, ist das chemisch gesehen kein großer Unterschied. Die Erbsubstanz von Menschen und Rosen besteht aus Nukleinsäuren mit bestimmten Basen (Adenin, Thymin, Guanin und Cytosin).Die Substanz der Körper besteht aus Proteinen (Eiweißen), die aus längeren oder kürzeren Ketten von rund 23 Aminosäuren bestehen. Der Mensch enthält davon 20, und diese teilen wir mit der gesamten Lebenswelt. Ausnahmen sind sehr selten und lassen sich funktional erklären. Nun gut, die Stützfunktion übernimmt bei der Rose der Stoff Zellulose mit weiteren Holzbestandteilen, beim Menschen ein kalkiges Skelett. An diesem Punkt weichen die Baupläne chemisch voneinander ab, aber die Ähnlichkeiten überwiegen.

Wie ist es möglich, dass eine so ungeheure Vielfalt von Organismen aus so einheitlichen Bausteinen besteht? Dahinter steht ein Prozess, der Teil der Evolution ist, und den man als Komplexifizierung bezeichnen kann. Die genannten und andere chemische Bausteine haben die Eigenschaft, dass sie sich zu sehr verschiedenen höheren Einheiten bzw. Systemen zusammenfügen lassen.

Die Unterschiede zwischen den Lebewesen kommen auf höheren Ebenen ihres Bauplans und ihres Stoffwechsels durch die Art des Zusammenbaus zustande: die Zelle, die Zellverbünde, die Gewebe, dann die fertigen Organismen.

Die bereits erwähnte Erbsubstanz, die *Desoxyribonukleinsäure* oder DNA haben alle Lebewesen gemeinsam. Es gibt nur ganz wenige Ausnahmen, und die sind geringfügiger Art.

Alle Lebewesen geben also die Information über ihre Baupläne in derselben „Schrift" weiter: DNA. Sie besteht aus einfachen Bausteinen, Phosphorsäure, bestimmten Zuckern (Monosacchariden) und den erwähnten organischen Basen. Bereits auf der biochemischen Ebene entsteht jedoch daraus eine komplizierte Struktur, nämlich eine sogenannte Doppelhelix, die sich verdoppeln(replizieren) kann. Aus den chemisch relativ einfachen Bausteinen entsteht eine höhere Komplexität. Und das ist erst der Anfang, denn in der Zelle und darüber hinaus geht die Komplexifizierung weiter.

Alle Lebewesen bestehen aus den gleichen Bausteinen

Warum verwenden sämtliche Lebewesen dieselben chemischen Bausteine? Eine wichtige Antwort gab schon Charles Darwin: Weil sie alle von einem Ursprung her kommen bzw. durch Abstammung verbunden sind. Aber das ist keine kausale, sondern eine phänomenologische Antwort. Sie erklärt zwar das Phänomen, aber nicht die Funktion der Einheitlichkeit. Gäbe es nicht unzählige andere chemische Möglichkeiten, Organismen zu konstruieren? Könnten nicht zahllose Makromoleküle die zu vererbenden Informationen chemisch verschlüsseln? Auf den ersten Blick sieht es tatsächlich so aus, die Anzahl scheinbar geeigneter Makromoleküle ist riesig. Aber vielleicht täuscht dieser erste Eindruck? Vielleicht ist nur DNA, oder sind nur wenige Alternativen, wirklich für die Funktion geeignet.

Hinter dieser Frage verbirgt sich ein Grundproblem der Evolutionstheorie: Inwieweit ist die riesige Vielfalt des Lebens durch die Eigenschaften der Materie und der Erdgeschichte doch kanalisiert oder beschränkt? Gibt es so etwas wie Zwänge, Festlegungen, die in der Natur selbst liegen, die zwar eine Vielfalt der Erscheinungen zulassen, aber nicht eine endlose Vielfalt an Grundmustern und Grundbausteinen, sondern die bestimmte Arten der Realisierung erzwingen. Ich vermute, Prof. Weidlich hat auf der Ebene der Physik ähnliche Fragen gestellt und dabei die Naturkonstanten der Physiker erwähnt.

Diese Naturkonstanten sind ja erstaunlich präzise kalibriert. Kaum eine dieser Konstanten dürfte auch nur geringfügig anders sein, wenn es im Kosmos so physikalisch laufen soll, wie es läuft. Gibt es nicht auch in der Geschichte des Lebens unvermeidliche Konstanten? Muss es vielleicht doch Desoxyribonukleinsäure als Trägerin von Erbinformation sein? Die Frage ist sehr schwer zu beantworten, wird aber derzeit intensiv bearbeitet.

Die Abbildung zeigt die 20 Aminosäuren des Menschen. Wer sich in der organischen Chemie auskennt sieht, dass diese Einzelbausteine der Proteine nicht sehr kompliziert sind. In vielfältigster Verbindung können sich alle miteinander verbinden und sogar verzweigen; aber meistens handelt es sich um einfache, kompliziert in sich gefaltete Ketten. Aus denen bestehen wir, was unsere Körpersubstanz angeht, sieht man einmal von der großen Menge des Körperwassers ab. Sonst kommt nicht viel dazu, reichlich anorganische Knochensubstanz, dazu Mineralien, DNA und RNA, alles in vergleichsweise geringen Mengen.

Vielfalt in der Begrenzung – Wunder der Schöpfung

Die bisherigen Überlegungen weisen auf eine fast schon paradoxe Eigenschaft des Lebens hin: Auf der einen Seite steht seine ungeheuerliche Vielfalt. Im Schlusswort seines berühmten Werkes „On the Origin of Species…" hat Charles Darwin formuliert, die Natur bestehe aus „endless forms most beautiful". Endlose Formenvielfalt von großer Schönheit, das ist die eine Seite. Wenn wir die Farbenpracht der Schmetterlinge bewundern, begegnen wir dieser nicht enden wollenden Schönheit.

Aber auf der anderen Seite ist das Leben einheitlich und begrenzt, es wirkt wie aus einer einzigen Werkstatt hervorgegangen, wie nach einer einzigen Blaupause, nach einem einzigen Grundbauplan gemacht. Wenn wir die Ebene biologischen Wissens verlassen und die Perspektive des biblischen Schöpfungsglaubens einnehmen, können, ja müssen wir von einer Meisterschaft sprechen, die aus der Einfachheit eine gewaltige Vielfalt hervorbringt. Wir werden an große dichterische Werke erinnert, in denen mit einfachen Worten - richtig zusammengefügt -Tiefsinniges gesagt wird. Wenn in der Natur die schöpferische Kraft Gottes am Werk war, dann wirkte sie meisterhaft. Ich möchte Ihnen diesen Zweiklang, diesen Kontrapunkt von Begrenzung und Vielfalt an zwei Beispielen zeigen.

Sie sehen hier einen Hundertfüßler. Es handelt sich um ein Gliedertier, um einen entfernten Verwandter der Insekten. Hundertfüßler haben eine bemerkenswerte Eigenschaft: Sie haben keine hundert Beine, die Anzahl der Beinpaare schwankt zwischen 15 und 191 je nach Art. Trotz dieser großen Vielfalt existieren jedoch überraschenderweise nur ungerade Zahlen. Es gibt keine gerade Zahl von Beinpaaren, obwohl ungefähr 3000 Arten weltweit existieren, also nicht gerade wenige. Hunderfüßler haben also 15 oder 17 oder 31 Beinpaare, aber sie haben nicht 30 oder 80 Beinpaare. Das hat die fast schon lustige Konsequenz, dass es keinen einzigen Hundertfüßler mit hundert Beinen gibt. Warum eigentlich nicht? Es ist aus funktionalen Gründen nicht einzusehen, warum ein Hundertfüßler mit 100 Beinpaaren schlechter laufen sollte als ein Hundertfüßler mit 101 Beinpaaren oder einer mit 99.

Die Festlegung auf ungerade Zahlen hat in der Tat keinen funktionalen Grund, sonst wäre die Variabilität der Extremitäten in der Gruppe nicht so groß. Den eigentlichen Grund konnte erst die moderne Entwicklungsbiologie aufklären. Die Einzelheiten sind kompliziert, aber im Kern geht es darum, dass alle Hundertfüßler sich nach einem einheitlichen Schema vom Ei zum fertigen Tier entwickeln.

Der Entwicklungsgang bringt unter anderem die zahlreichen Segmente hervor, aus dem der Körper dieser Tiere besteht. Jedes Segment trägt ein einziges Beinpaar, also je eine Extremität rechts und links. Diese Segmente werden nacheinander angelegt, und zwar so, dass immer zwei neue Segmente dazu kommen, nie nur eines. Embryonal wird also immer eine gerade Anzahl von Segmenten und damit von Beinpaaren angelegt. Die erste dieser Beinanlagen wird aber immer zu der Giftklaue, die alle Hundertfüßler besitzen, und mit der sie ihre Beute jagen. Das heißt es bleibt immer eine ungerade Anzahl an Beinpaaren übrig, solange die Entwicklung nach dem Schema verläuft, immer zwei Segmente gleichzeitig anzufügen. Dieses Schema liegt fest und ist nicht mehr zu ändern.

Hätte es – was vermutlich nie der der Fall sein wird – einen Selektionsvorteil für eine Art der Hundertfüßler, genau 20 Beinpaare zu haben, würden die dennoch nicht durch weitere Evolution entstehen. Man nennt eine solche Festlegung der evolutionären „Bahn“ eine „loaded evolution“. Das bedeutet, dass die Entwicklung vom Ei zum fertigen Tier mit so vielen Folgeprozessen verbunden oder „beladen“ ist, dass der Entwicklungsgang nicht mehr geändert werden kann. Würde eine Mutation etwas daran ändern, wäre der Embryo nicht mehr entwicklungsfähig, die Mutation wäre letal.

Die weitere Evolution der Hundertfüßler muss also mit dem Entwicklungsgang auskommen, wie er ist – oder die Gruppe stirbt aus. Damit sind die Hundertfüßler ein Beispiel für den Kontrapunkt der Einheitlichkeit, der immer mit der Vielfalt des Lebens zusammen erklingt. Ihre 3000 Arten sind höchst unterschiedlich in Größe, Lebensraum, Extremitäten und Lebensweisen. Aber alle teilen denselben Entwicklungsgang, der ihnen gemeinsam bleiben wird, weil die Entfaltung dieser Organismen an dem einen Prozess hängt.

Zugang zur Anpassung

Wir wollen ein anderes Beispiel betrachten. Das Bild zeigt Mangroven, also Büsche und Bäume, die tropische Meeresufer bewohnen. In gemäßigten Breiten gibt es sie nicht. Aber was sind Mangroven eigentlich? Viele Menschen meinen, es handle sich um eine bestimmte Baumart oder um eine Gruppe verwandter Arten. Das ist aber gerade nicht der Fall. Die Mangrovenzone in den Tropen besteht aus fast 70 Busch- und Baumarten, die nicht näher miteinander verwandt sind. Sie gehören zu Pflanzenfamilien mit weit voneinander entfernten Orten im Stammbaum. Dennoch sehen sie im Großen und Ganzen gleich aus, und zwar nicht, weil innere Zwänge dafür vorliegen wie beim Hundertfüßler, sondern weil äußere, funktionale Zwänge herrschen:

Die Anpassung an das sehr spezielle Biotop am Rand tropischer Meere erzwingt ganz bestimmte Formen. Es handelt sich um eine „Anpassungsähnlichkeit" (Konvergenz), nicht um eine „Verwandtschaftsähnlichkeit" (Homologie). Stelzenwurzeln müssen zum Beispiel sein, um im Schlick sicher stehen zu können. Dann gibt es aufwärts wachsende Wurzeln, die luftführendes Gewebe enthalten. Der Schlick ist nämlich fast sauerstofffrei, die Wurzeln müssen sich aus der Luft mit Sauerstoff versorgen. Andere Faktoren kommen dazu: Die Samen müssen schwer und spitz sein, damit sie sich, wenn sie abfallen, im Schlick verankern und nicht ins offene Meer gespült werden. Also es gibt eine ganze Reihe von Anpassungen an diese Notwendigkeit der „Zigarrenform" für Samen und Samenkeime.

D.h. die Notwendigkeit der Anpassung an Umweltgegebenheiten stellt eine zweite Begrenzung für die Vielfalt der Organismen dar. Ein Lebewesen muss sich nicht nur an sich selbst anpassen, sondern auch an seinen Lebensraum. Daher treffen wir in der Evolutionsgeschichte immer wieder auf diese Gegenspieler: auf die Dynamik der Vielfalt, die durch Veränderungs- und Selektionsprozesse erzeugt wird, und die

Dynamik der Zwänge, die im Wesen der Natur selbst liegen. Seien es innere Zwänge, die dafür sorgen, dass ein Organismus sich nur so verändern kann, dass er weiter funktioniert, seien es die äußeren Zwänge, sich in seiner Umwelt behaupten zu müssen.

Das alles gilt natürlich auch für den Menschen. Es kann heilsam sein für Homo sapiens in seiner von ihm selbst technisch geformten Welt, sich daran zu erinnern, dass auch unser Leben nicht nur einer Dynamik der Vielfalt, des immer mehr Ausuferns und des sich Ausbreitens unterliegt, sondern dass wir Begrenzungen und Zwängen ausgesetzt sind. Man hat sehr wohl den Eindruck, dass der moderne Menschen sich zu seinem Schaden und zum Schaden der Natur über Zwänge hinwegsetzt, die man achten sollte.

Eigentlich kann ein Organismus sich nicht durch schädliche Veränderungen seiner selbst oder der Umwelt auslöschen; Evolutionsprozesse werden in aller Regel für ein Gleichgewicht sorgen. Wenn ein Pflanzenfresser durch erfolgreiche Anpassungen so an Zahl zunimmt, dass seine Nahrung knapp wird, werden Beutegreifer, Hunger und Krankheit die Population nach unten regulieren, sie werden die Konkurrenz reduzieren usw. Aussterben ist in der Natur immer die Folge von unbeeinflussbaren Umweltveränderungen, an die eine Art sich nicht mehr anpassen kann.

Aber auch hier ist der Mensch einzigartig: Nur er kann seine Umwelt und sich selbst so verändern, dass er sich seiner Lebensgrundlage irreversibel und in kürzester Zeit entzieht. Dass er es kann, ist eine Folge seiner geistigen Natur, die ihm eine beispiellose Macht über Naturprozesse verleiht. Hundertfüßler können sich nicht selbst ausrotten.

Sie könnten durch die Konkurrenz neu evolvierter Arten aussterben, durch massive klimatische Veränderungen usw. Sie zeigen zwar seit hundert Millionen Jahren keine Neigung dazu, aber theoretisch könnte die Gruppe über einige Jahrmillionen hin aus der Lebenswelt verschwinden. Der Mensch kann sich dagegen im Lauf von Jahrzehnten selbst ausrotten, und ob er nicht eine Neigung dazu hat, ist leider eine offene Frage.

Der Mensch sprengt die Begrenzungen der Evolution

Es gibt in der Biologie zahlreiche Überlegungen zu der Frage, inwieweit sich die Besonderheiten des menschlichen Verhaltens aus seiner Evolutionsgeschichte ableiten lassen, inwieweit sie also selbst „natürlich" sind. Denn der Mensch ist einerseits ein Naturwesen. Er ist ein Produkt der natürlichen Entfaltung des Lebendigen, der Evolution, und doch überschreitet der Mensch die übrige Natur. Einen Punkt habe ich erwähnt: Der Mensch kann sich nicht nur selbst ausrotten, er ist das einzige Lebewesen, das sich die Natur außerhalb seiner selbst in einem Umfang dienstbar machen kann, den es sonst nicht gibt.

Die Mangroven haben nicht viele Möglichkeiten, ihren Lebensraum zu verändern. Ihre Wurzeln halten zwar den Schlick fest, ihre Bestände dienen als Lebensraum für viele Tierarten usw. Aber wenn sie in ihrem Lebensraum weiter existieren wollen, müssen sie sich dennoch vor allem an ihn anpassen und nicht umgekehrt. Das Klima, der Salzgehalt des Meers, die Chemie des Untergrundes usw. sind für diese Pflanzen vorgegeben. Die Dynamik des Lebendigen ist so geartet, dass

Anpassungsprozesse an extreme Lebensräume möglich sind, sogar für viele Pflanzenarten nebeneinander.

Der Mensch hat als Organismus eigentlich weniger Möglichkeiten als Pflanzen, sich durch Evolution seinem Lebensraum anzupassen; er ist zu kompliziert. Aber er hat eine unglaubliche Fähigkeit, nicht sich der Natur anzupassen, sondern <u>die Natur an sich anzupassen</u>.

Darin zeigt sich eine Einzigartigkeit, die allerdings nicht an sich die Immanenz der Natur überschreitet. Denn man kann selbst diese einzigartige Fähigkeit durch die „Komplexifizierung" seines Gehirns erklären. Dieses Gehirn, das in „nur" 3 Millionen Jahren Evolution seine Masse mehr als verdoppelte, befähigt den Menschen, Ursachen- und Wirkungszusammenhänge in der Natur zu erkennen und zu nutzen. Es befähigt ihn dazu, eine soziale Kompetenz und ein Gemeinschaftsleben von selbständigen Individuen zu entwickeln, die es sonst unter Tieren nicht gibt. Wie wir wissen, kann die gleiche soziale Kompetenz auch dazu dienen, eigensüchtige Ziele zum Schaden der Gemeinschaft zu verfolgen und das soziale Gefüge zu zerstören.

Wir sind aus der Sicht der Verhaltensbiologie äußerst hochentwickelte Gemeinschaftswesen, zum Guten wie zum Bösen. Unser Gehirn ist weit größer und leistungsfähiger als das aller anderen Tiere. Das gilt bei allem Respekt vor den hochstehenden Verhaltensweisen unserer nächsten Verwandten, der Schimpansen. Mit dem, was ihr rund 500 g schweres Gehirn kognitiv und sozial leistet, kann schon ein ein- bis zweijähriges Kind ohne weiteres mithalten.

Gehirn und Geist

Es gibt also durchaus biologische Erklärungen für die Einzigartigkeit des Menschen, aber sie reichen nicht aus um zu bestimmen, was der Mensch ist. Das Denken und Tun des Menschen reicht auf grundsätzliche Weise über die Erklärungsmöglichkeiten der Biologie hinaus. Allein die Tatsache, dass hier ein Wissenschaftler steht und über den Menschen redet, also über sich selbst, ist seltsam, wenn nicht sogar paradox. Wir alle reflektieren ja immer wieder darüber, wer wir sind, und was der Mensch ist. Wir können mit großer Sicherheit davon ausgehen, dass kein Schimpanse im Urwald Afrikas entspannt unter einer Palme liegt und sich überlegt, was der Schimpanse als solcher wohl sei. Nur der Mensch ist sich selbst eine Frage.

Wir haben eine Fähigkeit in uns, die Welt und uns selbst in ihr modellhaft zu rekonstruieren, und in diesem Modell der Welt Prozesse sozusagen „virtuell" ablaufen zu lassen. Wir können in dieser Innenwelt Zusammenhänge und Szenarien konstruieren, die es in der Realität nicht gibt, wir können Handlungen modellhaft vorwegnehmen und die möglichen Konsequenzen bedenken. Höhere Tiere haben zwar ebenfalls eine kognitive oder neuronale Innenwelt, die aber nicht annähernd eine Komplexität erreicht wie beim Menschen.

Es ist eine schon lange virulente Frage der Philosophie, ob die menschliche Innenwelt, die man mit dem klassischen Begriff Geist bezeichnen kann, wiederum ausschließlich aus Naturprozessen besteht oder nicht, ob also der Geist „natürlich" ist oder mehr ist als Natur. Die erste, die reduktionistische Alternative erklärt die Funktionen unseres Denkens und Bewusstseins biologisch, psychologisch und soziologisch, wobei Psychologie und Soziologie als empirische Wissenschaften betrachtet werden.

Dann löst sich der menschliche Geist in die Immanenz von Kausalprozessen in der Welt und Naturprozessen im Gehirn auf, eine vorherrschende Zielrichtung der heutigen Gehirnforschung. Sie lebt weithin von der Erwartung, man könne die Innenwelt des Menschen und damit den Geist letztlich naturwissenschaftlich modellieren und damit kausal erklären. Es ist zwar noch lange nicht so weit, die Gehirnforschung versteht das menschliche Gehirn nicht. Aber irgendwann, so die Erwartung, löst sich die Innenerfahrung des Menschen, die ihn so sehr von der sonstigen Natur abhebt, durch wissenschaftlichen Fortschritt ganz in Natur auf.

Wir brauchen als Christen, deren Menschenbild vom Schöpfungsglauben her kommt, dennoch vor der Gehirnforschung keine Angst zu haben. Wir wissen, dass unser Gehirn Natur ist. Wir wissen, dass alles, was wir als Geist bezeichnen und was wir als Innenwelt erleben, vom funktionierenden Gehirn abhängt. Eine neue Erkenntnis ist das nicht, sie findet sich im Kern schon im Alten Testament. Dass Bewusstsein und Geist nicht mehr sind als Natur, kann die Gehirnforschung weder feststellen noch widerlegen. Die Einzigartigkeit des Menschen besteht eben auch in der fast paradoxen Ambivalenz zwischen seiner völligen Abhängigkeit, dem unbedingten Angewiesensein auf die materielle Natur einerseits, und auf der Fähigkeit, die Natur ständig zu überschreiten andererseits.

So erleben wir uns selbst: Die Abhängigkeit von Naturprozessen reicht bis zur Vergänglichkeit unseres biologischen Lebens, bis zum Tod. Das menschliche Leben ist dem Werden und Vergehen der Natur unterworfen wie alles andere Leben. Dieses ständige Werden und Vergehen ist im Übrigen eine Voraussetzung der biologischen Evolution. Dennoch hat die Menschheit immer geglaubt - abgesehen von einigen antiken Philosophen, die Materialisten waren - dass menschliches Leben mit dem Tod nicht völlig erlöscht, dass es in seinem Kern bestehen bleibt. In der westlichen Neuzeit hat sich ein materialistisches Menschenbild zwar ausgebreitet, dominiert aber immer noch nicht unser Menschenbild, weltweit gesehen schon gar nicht.

Ganz Natur – aber nicht nur Natur

Wenn man nach dem Wesen des Menschen fragt, sollte man diesen Doppelklang festhalten: ganz Natur und doch nicht nur Natur. Diese grundsätzliche Einsicht teilten viele Menschen über eine lange Zeit der Geistesgeschichte, und sie teilen sie noch heute. Das gilt zwar nicht für die meisten Spiegel-Journalisten und Gehirnforscher, aber die bewohnen ein kulturelles Sondermilieu. Wenn man sich mit ihrem Naturalismus rational auseinandersetzt, begibt man sich auf das Feld der Erkenntnistheorie und der Wissenschaftstheorie. Was kann Naturwissenschaft erkennen, was kann sie untersuchen und welche Fragen kann sie beantworten? Diesen Weg möchte ich jedoch nicht beschreiten, sondern mich der theologischen Bedeutung der bisherigen Überlegungen zuwenden:

Vom biblischen Schöpfungsglauben her gibt es keinen Grund, das zweifach bestimmte Wesen des Menschen aus Natur und Übernatur in Frage zu stellen. Ein Anti-Naturalismus ist nicht Sache der Bibel, er ist

Sache anderer religiöser Positionen: der Esoterikbewegung, der Anthroposophie, des Spiritualismus und so weiter. Sie versuchen in ihren Menschenbildern die materielle Natur der geistigen zu unterwerfen, wie es in der Antike die sogenannte Gnosis tat.

Diesen Denkrichtungen ist gemeinsam, dass ihnen die Natürlichkeit des Menschen, seine Leiblichkeit und Vergänglichkeit, irgendwie peinlich und herabwürdigend erscheint. Das eigentliche Wesen des Menschen sei, so meinen sie, seine Geistigkeit, die irgendwie von Materie umkleidet wird. Doch dieses unwillkommene Kleid wird auch immer wieder abgelegt, und der eigentliche, der geistige Mensch schreitet fort von Inkarnation zu Inkarnation. Die leibliche Natur ist danach so etwas wie ein Handschuh, in den der Mensch immer wieder schlüpft, und den er immer wieder auch verbraucht.

Doch so sieht der Schöpfungsglaube den Menschen gerade nicht.

Das eigentliche Wesen des Menschen ist aus biblischer Sicht weder geistlich noch materiell, sondern beides in einer unauflöslichen Einheit. Blaise Pascal hat es schon im 17. Jahrhundert auf den Punkt gebracht: „Das ist der Mensch, weder Engel noch Tier.“ Diese Einsicht festzuhalten macht realistisch: Sie befähigt dazu, gelassen und neugierig mit uns selbst und der Welt umzugehen. Sie befähigt uns dazu, dem schaffenden Gott als leibliches Geschöpf gegenüberzutreten, ohne unsere materielle Natur verdrängen zu müssen, den Schöpfer anzusprechen und von ihm angesprochen zu werden.

Für Tiere gibt es, so ist zu vermuten, diese Dimension ihrer Geschöpflichkeit nicht. Vielleicht redet Gott auch mit Schimpansen, aber wir wissen nichts davon. Wir wissen, dass Gott als Schöpfer dem

Menschen auch zum Du werden kann. Und wenn es in der Schöpfungsgeschichte heißt, dass Gott den Menschen anspricht, dann spricht Gott im Menschen die gesamte Natur an, denn der Mensch ist Natur. Wir sind die ganze Natur, angefangen bei den Aminosäuren und der Erbsubstanz unseres Körpers, mit unseren Organen, mit unserem Blut. In den Adern des Blutkreislaufs fließt immer noch das Urmeer, denn die Blutflüssigkeit entspricht in der Zusammensetzung dem uralten Meer, aus dem alle Wirbeltiere einmal emporstiegen. Wir tragen die Geschichte des Lebens mit uns. Wir sind ein Produkt der Evolution, und unser Körper repräsentiert die Evolution. Die materielle Einheitlichkeit des Lebendigen gewinnt, so gesehen, eine tiefe theologische Bedeutung.

Der Mensch und sein Schöpfer

In uns redet die ganze Natur mit ihrem Schöpfer (siehe Paulus im Römerbrief 8,19). Dem Menschen wird damit in der Schöpfung eine hohe Würde zugestanden. Dass wir dieser Würde gerecht werden und die Welt des Lebendigen vor Gott gut vertreten, müssen wir leider bezweifeln. Eine Abwertung des materiellen, des biologischen Lebens, ist dennoch nicht im Sinn des Schöpfungsglaubens. Unser biologisches Leben ist kein Gefängnis der Seele, sondern Geistigkeit und Leiblichkeit sind Eins. Daher gibt es auch keinen theologischen Grund, vor der Evolutionstheorie zurück zu schrecken. Ich nenne drei Personen der Geistesgeschichte, die für die Einheit von Evolution und Spiritualität stehen:

Henri Bergson, ein französischer Philosoph des 19. Jahrhunderts mit einer evolutionären Lebenskraftlehre. Ich bin weit davon entfernt, ihm in jeder Hinsicht zu glauben, aber er hat sehr viele Entwicklungen in der Theologie angestoßen.

Dann wäre Teilhard de Chardin zu nennen (1881-1955), ein französischer Jesuit und Paläontologe, ein großer „Synthetiker“, der versuchte, das damalige biologische Wissen mit dem Schöpfungsglauben zu verbinden.

Als Dritten nenne ich jemanden, den Sie vielleicht nicht kennen: Carsten Bresch, ein Genetiker in Freiburg, der versuchte Teilhard de Chardin für eine neue Sicht des Evolutionsgeschehens zu nutzen, vor allem in dem Buch Zwischenstufe Leben, das aus den Siebzigerjahren stammt.

Die drei Namen stehen für zahlreiche Syntheseversuche, die davon ausgehen, dass das Wesen des Menschen erst einmal ein biologisches ist. Aber dann versuchen sie, den Prozess der Überschreitung dieser Natur als einen Prozess zu fassen, durch den der Mensch sich im Denken, mit seiner Gemeinschaftsfähigkeit, Kultur, Sprache und Tradition über die Natur hinaus auf höhere Systemebenen begibt. Auch vor solchen Syntheseansätzen brauchen wir vom Schöpfungsglauben her keinerlei Scheu zu haben. Wir können sie aufnehmen und über ihre Bedeutung für ein christliches Menschenbild nachdenken. Dafür sollen Beispiele angeführt werden.

Der Mensch und der Kosmos

Bei Teilhard de Chardin gibt es einen meines Erachtens sehr hilfreichen Gedanken: Er führte in die Betrachtung des Evolutionsgeschehens die bereits erwähnte Komplexität lebender Systeme als wichtiges Maß für

Sinn und Ziel der Evolution ein. Er entwickelt diesen Gedanken vor allem in dem Buch: Der Mensch im Kosmos. Damit stellte er sich gegen einen religionskritischen Trend seiner Zeit, denn damals hatte man entdeckt, wie riesig der Kosmos ist, und dass der Mensch als winziges Staubkorn auf einem nicht viel größeren Staubkorn, das sich Erde nennt, den Rand einer unwichtigen Galaxie umkreist. Wie kann ein schaffender Gott sich für eine solche Nichtigkeit besonders interessieren?

Teilhard de Chardin setzte dem entgegen, dass es oberflächlich sei, in Lichtjahren und Kilometern und im Zählen von Jahren Bedeutung entdecken zu wollen. Er setzte dem die Komplexität der materiellen Systeme entgegen. Schon damals wusste man, dass das menschliche Gehirn mehr Neuronen (Nervenzellen) enthält als der Kosmos Sterne. Und sie sind in einer viel komplexeren Weise miteinander verbunden, als es Gestirne sein können. Auf jeden Fall ist - gemessen an der Komplexität dieses Organs - das Weltall simpel und öde und der Mensch ungeheuerlich.

Wenn man das Maß der Komplexität anlegt, ist auch die Lebenswelt der Erde gigantisch groß im Vergleich zu den kalten Gaswolken, den schwarzen Löchern und was es sonst im Kosmos gibt, zwar in einer enormen Ausdehnung, aber eben auch mit sehr geringer Struktur und Dynamik. Die Physik kann wesentliche Eigenschaften dieser kosmischen Phänomene mit einigen Gleichungen auf einem Briefumschlag darstellen. Das ist beim Phänomen „Leben“ nicht einmal annähernd möglich. Man benötigt ganze Bibliotheken, um eine einzelne lebende Zelle zu beschreiben. Das Maß der Komplexität als Maß für Bedeutung und Gewicht eines Phänomens hat schon auf naturwissenschaftlicher Ebene einen tiefen Sinn.

Der Schöpfungsglaube

Das Maß der Komplexität führt zu einem weiteren Denkanstoß, der zurück auf die jüdische Weisheit verweist. Es gehört zum Fundus dieser antiken Weisheit, dass die Schöpfung einerseits als erkennbar und erklärbar betrachtet wird. Theologen wissen, dass die Naturphänomene – zum Beispiel bekannte Tierarten - im Rahmen von Weisheitsschriften manchmal in Listenform aufgeführt wurden. Die Listen beantworteten die Frage, was es in der Natur gibt, in einer systematischen Ordnung. Insoweit war die Natur für die Weisen also geordnet, verständlich, der menschlichen Vernunft zugänglich, es gab Gesetzmäßigkeiten. Auf der anderen Seite war es jedoch Teil weisheitlichen Denkens zu erkennen, dass sich das menschliche Wissen an den Grenzen des Nichtwissbaren verliert. Die Schöpfung ist vernünftig und ergründbar, und doch auch ein unergründbares Geheimnis, das sich letztlich menschlichem Schauen und Denken entzieht.

Der Skeptischste unter den jüdischen Weisen des Alten Testaments ist der Prediger, der Ekklesiastes. Bei ihm finden wir als Ergebnis seiner Betrachtung des Weltenlaufs einen Vers, der Wissen radikal beschränkt: „Der Mensch kann doch nicht treffen das Werk, das Gott tut, weder Anfang noch Ende.“ Auch die Doppelnatur des Menschen, die bereits diskutiert wurde, liegt für den Prediger jenseits sicheren Wissens. Zu seiner Zeit, vermutlich das zweite Jahrhundert vor Christus, gab es im Judentum die sichere Überzeugung, dass der Mensch als Geschöpf in die Reihe der Tiere gehört.

Die moderne Evolutionstheorie hätte diese jüdischen Weisen vermutlich weniger schockiert als die Theologen des 19. Jahrhunderts. Aber man meinte doch, einen Unterschied zwischen Mensch und Tier zu erkennen. Wenn ein Tier stirbt, so stellte man sich vor, versinke der Geist, der von Gott gegebene Lebensatem, in die Erde. Der Lebensatem des Menschen steige dagegen im Tod empor zu Gott. Das Tier, ein Geschöpf aus Erde gemacht, der Mensch, aus Erde und Geist – so dachte man es sich. Der Prediger (Prediger 3, 11 und 3, 21) ist davon nicht überzeugt: „Es geht dem Menschen wie dem Tier. Wie es stirbt so stirbt auch er. Und sie haben doch alle einen Lebensatem. Wer weiß schon, ob der Atem des Tieres hinunter in die Erde fährt und der Atem des Menschen aufwärts." Wer weiß das schon, urteilt also der Prediger. Nun, wir wissen es weder durch Naturwissenschaft noch durch philosophisches Bemühen, wie es mit dem Geist des Menschen steht. Aber müssen wir das wissen?

Seine Gottesbeziehung macht den Menschen einzigartig

Für den Prediger ist der Schöpfungsglaube selbstverständlich, aber die Bestimmung eines Wesensunterschieds zwischen Mensch und Tier ist keine zwingende Voraussetzung für seinen Glauben. Was den Menschen aus der Sicht des Predigers und der ganzen biblischen Sicht der Schöpfung als Geschöpf einzigartig macht, ist seine Gottesbeziehung. Das menschliche Leben hängt vom Willen Gottes ab, richtig leben bedeutet zu fragen, was Gott gefällt und was Gott nicht gefällt, was recht ist, und was nicht recht ist in den Augen Gottes. Dass der Mensch so fragen kann und soll, macht ihn einzigartig. Mit welchen Wesenseigenschaften er die Gottesbeziehung bewerkstelligt oder auch nicht, bleibt offen und letztlich geheimnisvoll. „Wer weiß das schon?" bemerkt der Prediger.

Manchmal ist man bei der Lektüre der Massenmedien versucht, sich wie dieser antike Weise zu fühlen. Was wissen die Medienmacher nicht alles über den Menschen! Da drängen sich die halb- und gar nicht verstandenen Ergebnisse der Forschung, da wird über biologische oder psychologische Experimente so berichtet, als seien Grundfragen des Menschseins plötzlich gelöst – und das jede Woche neu. Die beste Antwort ist die des Predigers: Viele Worte werden gemacht, aber was wisst ihr damit schon? Aus dem Miteinander jüdischer Gottesbeziehung und jüdischer Skepsis könnte die moderne Zeit sehr viel lernen, wenn sie denn lernfähig wäre.

Ich habe versucht, Ihnen mit diesem Vortrag einen Einblick in das zu geben, was aus der Sicht der Biologie Leben ausmacht: ein noch lange nicht verstandenes Zusammenspiel zwischen Gesetzmäßigkeiten, die in der Evolution herrschen, und Freiheiten der Entfaltung, die sich in einer ungeheuren Vielfalt äußern. Da gibt es Gesetzmäßigkeiten der Organismen selbst, Gesetzmäßigkeiten ihrer Umwelt, aber auch eine erstaunliche Entfaltung von Schönheit, und von Grausamkeit und Hässlichkeit. Das ist Leben und das ist menschliches Leben. Wir sind selbst ein Produkt des Zusammenspiels von natürlichen Gesetzen und Freiheiten. Aber menschliches Leben überschreitet das, was natürliches Leben ausmacht. Welche Wesensmerkmale des Menschen ihn dazu befähigen, war zu bedenken, aber ließ sich letztlich nicht als sicheres Wissen formulieren. Als Christen denken wir die Einzigartigkeit des Menschen zuerst von seiner Gottesbeziehung her.

Es ist nicht gut, dass der Mensch allein sei ...

Leben geschieht in Beziehungen

Dr. Beate R. Weingardt, Theologin, Psychologin

Ich möchte mich in meinem Vortrag anlehnen an die dreigeteilte Antwort, die Jesus auf die Frage gegeben hat: Was ist das wichtigste Gebot?
- Du sollst Gott lieben
- Du sollst deinen Nächsten lieben – dazu zähle ich auch die Natur
- Du sollst dich selbst lieben.

Ich beginne mit dem letzten Punkt:

I. Die Liebe zu uns selbst

Selbstliebe ist ein Strauß mit mehreren Blumen, dazu gehört
- Selbstwahrnehmung (Körper) und Selbsterkenntnis (Wesen/Verhalten)
- Selbstannahme und Selbstwertgefühl
- Selbstvertrauen und Selbstdisziplin

Der kanadische Psychologe Erik Erikson hat schon in den 60er Jahren eine neue Entwicklungslehre veröffentlicht, in der er sagt. Die entscheidenden Reifeschritte des Menschen sind nicht sexuelle Stufen, wie Sigmund Freud behauptete, sondern beziehungsorientierte Stufen:

- Säugling:

Das Kind muss Urvertrauen entwickeln in die Welt, es muss den Eindruck haben, hier auf Erden „gut aufgehoben“ zu sein. Dazu bedarf es eines Menschen, der a) liebevoll zugewandt und b) zuverlässig mit ihm umgeht. Bei Verfehlen dieses Ziels folgt lebenslanges Misstrauen in die Umwelt, evtl. Ängstlichkeit, wenig Daseinsfreude ...

- Kleinkind:

Das Kind muss lernen, Vertrauen in sich selbst zu haben, sich etwas zuzutrauen und seinen Aktionsradius zu erweitern. Es muss lernen, kleine Belastungen auszuhalten.

- Schulkind:

Das Kind muss lernen, sich sozial zu integrieren, d.h. sich zu behaupten, aber auch von sich abzusehen und sich auf Aufgaben zu konzentrieren. In beiden Fällen muss das Kind lernen, sein Ich und seine Gefühle (Lust/ Unlust) kurzzeitig auch zurückzunehmen – um anderer Menschen, um einer Sache oder eines Ziels willen. Bei Verfehlen: keine Ausdauer, geringe Frustrationstoleranz

- Jugendlicher:

Er lernt, seine eigene Identität zu entwickeln, ein selbstständig denkender Mensch zu werden, der für sein Handeln Verantwortung übernimmt. Dazu braucht er aber Eltern, die ihm Widerstand leisten, Werte vermitteln, an denen er sich reiben kann ... Bei Verfehlung: keine Verantwortungsfähigkeit weder in Beziehungen noch in Aufgaben. Keine eigene Meinung, sondern „umweltgesteuert".

- Junger Erwachsener:

Er sollte in der Lage sein, eine verbindliche enge Beziehung zu einem Menschen des anderen Geschlechts einzugehen, sprich: eine

Partnerschaft zu gründen und dabei Verantwortung zu übernehmen. Bei Verfehlung: Unfähigkeit zu Nähe und Verbindlichkeit ...

- Mittleres Erwachsenenalter:

Die Aufgabe in dieser Phase ist Generativität d.h.: Verantwortung übernehmen für andere Menschen, in der Regel für die nächste Generation, Bereitschaft, etwas von sich weiterzugeben. Entweder durch Elternschaft oder durch andere Formen der Verantwortungsübernahme: Sorge für Kranke, sozial Schwache, Randgruppen .... Forschungsergebnisse zeigen: Je generativer Menschen sind, desto zufriedener, selbstbewusster und weniger depressiv sind sie auch. Außerdem wird angenommen, dass der Mensch in der Mitte des Lebens schon die Weichen dafür stellt, wie sein Alter verläuft (Psychologie heute 4/02).

Bei Verfehlung besteht die Gefahr seelischer Stagnation, Egozentrik, wachsender Ruhelosigkeit und Unzufriedenheit.

- Alter:

Es wird heute unterteilt in „Junge Alte – ältere Alte – Hochbetagte“. Meistens nehmen während dieser drei Phasen die körperlichen Kräfte ab und die Einschränkungen zu. Menschliche Beziehungen gewinnen enorm an Bedeutung, zumal charakteristisch für diese Lebensphase ist, dass man in der Regel nicht mehr aktiv im Berufsleben steht, dass die Kinder erwachsen und selbständig sind, dafür oft die eigenen Eltern pflegebedürftig sind, und dass man mit immer mehr Verlusten von vertrauten Menschen fertig werden muss.

Erikson sagt: Die Herausforderung dieser letzten Phase besteht darin, dass man lernt, das eigene Leben in seinen Widersprüchen und seiner Unvollkommenheit zu akzeptieren – auch in seiner Endlichkeit. Er nennt dies „Integration“ – wenn sie nicht erreicht wird, droht Verzweiflung, Verbitterung.

Doch zurück zur Selbstliebe: Was ist wichtig?

Eine Kinderseele ist zunächst wie eine unbeschriebene Tafel aus weichem Wachs: die engsten Bezugspersonen schreiben darauf, Tag für Tag, und was sie immer wieder einritzen, das sitzt. Im Lauf der Kindheit und Jugend wird das Wachs immer härter und es wird immer schwerer, noch Neues zu verankern und Altes zu „überschreiben“ – es ist möglich, doch es kostet viel Nachdenken und Anstrengung. Unser Selbstbild wird also von dem geformt, was die Eltern uns „mitteilen“ über uns. Haben sie uns Anerkennung, Wertschätzung vermittelt, sich für uns interessiert, uns als Individuum wahrgenommen oder nicht?

Wenn Sie beispielsweise als Kind zu hören bekommen: „Aus dir wird nichts! Du bist zu allem zu ungeschickt oder zu dumm! Zu was kann man dich auch brauchen?“ dann prägt diese Botschaft Ihr Bild von sich, denn als Kinder können wir nicht anders, als das zu glauben, was die Erwachsenen zu uns sagen und uns mit ihren Handlungen signalisieren. Jedes Wort, jeder Blick, jeder Ausdruck im Gesicht und jede Handlung der Eltern gibt einem Kind einen Hinweis über seinen Wert. Daraus formt es ein Bild von sich – von seiner Liebenswürdigkeit, seiner Bedeutung, seinen Gaben. Wenn es in die Schule kommt, erweitert sich der Einflussbereich, andere Menschen gewinnen Einfluss (z.B. Lehrer), aber die Familie bleibt oft lebenslang sehr wichtig bzw. prägend.

Zusammenfassung:

Drei Faktoren prägen unsere Selbstannahme:

- Wie wurden wir von unseren Eltern behandelt?
- Was lebten sie uns vor?
- Welche Werte vermittelten sie uns in Worten und Werken?

Konsequenzen der Selbstannahme für die Beziehungsfähigkeit:

- Je stabiler das Selbstwertgefühl, desto mehr Mut hat man, auf andere Menschen zuzugehen. Man traut sich zu, auch für sie „liebenswert" zu sein.

- Je klarer die Selbsterkenntnis, desto eher lassen wir uns auch von anderen Menschen korrigieren oder etwas sagen, ohne tief beleidigt zu sein. Desto eher verkraften wir Kritik oder andere Meinungen, weil wir akzeptieren, auch Fehler zu haben. Denn: Wir lieben andere so, wie wir uns selbst lieben. Wer mit sich im Unfrieden ist, wird es deshalb auch mit anderen sein. Martin Buber sagt: „Der Mensch soll zuerst erkennen, dass die Konfliktsituationen zwischen ihm und den anderen nur Auswirkungen der Konfliktsituationen in seiner eigenen Seele sind ..." Wer sich liebt und dennoch den anderen nicht aus den Augen verliert, wird auch wieder geliebt.

Damit komme ich zur zweiten Dimension des Lebens in Beziehungen:

II. Liebe deinen Nächsten wie dich selbst.

Eine gesunde, ausgewogene Selbstannahme ist kein Selbstzweck, sondern die Voraussetzung für gelingende Beziehungen.

Zitat Martin Buber (Der Weg des Menschen nach der chassidischen Lehre, S. 37): „Man soll bei sich beginnen, aber nicht bei sich aufhören; von sich ausgehen, aber nicht auf sich abzielen; sich selbst erfassen, aber sich nicht unablässig mit sich befassen."

Die Bedeutung von Gemeinschaft, Freundschaft und Liebe für unser Glück im Leben ist nicht zu überschätzen. Die seelischen Grundbedürfnisse des Menschen (Sicherheit, Beistand und Geborgenheit, Zugehörigkeit und Berührung, Anerkennung und Wertschätzung, Selbstentfaltung) können am ehesten in engen Beziehungen befriedigt werden.

Es überrascht deshalb nicht, dass **glückliche Menschen** den Beziehungen in ihrem Leben allergrößte Bedeutung beimessen. Dies zeigt sich, wie die Forschung zeigt, in ganz konkreten Verhaltensweisen:

- Glückliche Menschen nehmen sich Zeit für das Zusammensein mit anderen Menschen

- Sie pflegen Freundschaften und Kontakte, die ihnen wichtig sind

- Sie wissen: Gemeinschaft macht glücklicher als materielle Güter und Genüsse, auch als einsames Genießen

- Sie engagieren sich und übernehmen Verantwortung an irgendeinem Punkt

- Sie schätzen das, was sie von anderen Menschen bekommen und nehmen es nicht für selbstverständlich (Stichwort Dankbarkeit)

- Sie sind in der Lage und bereit, zu verzeihen, wenn ihnen Unrecht getan wurde.

Zu einer guten Freundschaft gehört allerdings unabdingbar das **gute Gespräch**. Hier gilt: je mehr wir aus uns herausgehen, uns öffnen, desto mehr kann Vertrauen wachsen. Wer nur eine schöne Fassade zeigt oder sich nie ins Herz schauen lässt, hat nur oberflächliche Kontakte. Buber unterscheidet drei Formen von Dialog:

- den zweckorientierten, wo es darum geht, sich wegen irgendeiner Sache zu verständigen (z.B. mit Dienstleistern, bei Absprachen aller Art etc.)

- den scheindialogischen, in dem zwei oder mehrere Menschen „auf wunderlich verschlungenen Umwegen jeder mit sich selbst reden"

- den echten Dialog, bei dem zwischendurch auch geschwiegen werden darf, und wo jeder Teilnehmer den einen oder die andere „in seinem/ihrem Dasein und Sosein wirklich meint und sich ihnen in der Absicht zuwendet, lebendige Gegenseitigkeit zu stiften."

Zu diesem echten Dialog gehört Selbstöffnung, aber auch Selbstdisziplin und vor allem ein gesunder Abstand zu sich selbst, denn nur wer von sich absehen kann, kann auch den anderen wirklich wahrnehmen, d.h.: empathisch sein. Nur dieser echte Dialog ist freundschaftsstiftend, -vertiefend und –erhaltend.

Der deutsche Philosoph Wilhelm Schmid sagt, dass in einem guten Gespräch, einer beidseitig bereichernden Begegnung, ein positiver Energieaustausch stattfindet, d.h. jeder ist für den anderen einerseits eine Inspirations- und Kraftquelle, andererseits ein Resonanzboden. Alles, was uns berührt, löst Gefühle in uns aus, und Gefühle (Emotion kommt vom lat. Ex-movere) setzen uns in Bewegung. Positive Gefühle und Erfahrungen wie Freude, Vertrauen, Nähe, Humor, Getröstet werden, Verstanden werden, Anerkennung geben uns positive Energie, negative Gefühle münden häufig auch in negatives Handeln. Selbstverständlich gehört zu jeder aufrichtigen Beziehung auch gelegentliche Kritik, doch wenn sie eingebettet ist in Wertschätzung, so löst sie gleichfalls positive Kräfte aus.

Noch fruchtbarer sind Beziehungen, wenn sie sich nicht im Gespräch erschöpfen, sondern auch das gemeinsame Tun sowie gemeinsame Werte oder Ziele, die uns verbinden, beinhalten.

Männer stellen eher das gemeinsame Tun in den Vordergrund und vernachlässigen das offene Gespräch, bei dem sie auch persönlich aus sich herausgehen. Das macht Beziehungen von Männern oft sachlicher, aber auch oberflächlicher und unverbindlicher.

Ich fasse zusammen:

Besonders glücklich und zufrieden sind wir in einer Beziehung immer dann ...

- wenn wir unsere Gedanken, Gefühle und Bedürfnisse offen und angstfrei mitteilen können, weil sie respektiert werden und man sachlich darüber reden kann (Sehen und Gesehen werden, J. Bauer)

- wenn wir Wertschätzung und Interesse bei unserem Gegenüber spüren (Emotion, Resonanz, gegenseitiges Verstehen)
- wenn die Macht ungefähr gleich verteilt ist (gemeinsames Handeln und gemeinsame Aufmerksamkeit)
- wenn das Verhältnis von Geben und Nehmen auf lange Sicht einigermaßen ausgewogen ist.

Allerdings besteht unser Umgang mit anderen Menschen nicht nur aus freiwilligen Freundschaften, sondern auch aus Beziehungen und Beziehungsformen, die wir uns **nicht freiwillig herausgesucht** haben. Dazu rechne ich alles, was in den Bereich familiärer Verpflichtungen fällt, sowohl Verwandtschaftsbesuche als auch Familienfeste als auch in späteren Jahren Pflege- und Betreuungsaufgaben.

Um auch in diesen Beziehungen noch in Kontakt zu uns selbst zu bleiben, uns nicht unfreiwillig zu verleugnen, zu verbiegen, aufzugeben oder völlig zu verausgaben, tritt eine Fähigkeit ganz besonders in den Vordergrund, und zwar die **Fähigkeit, Grenzen zu ziehen**. Sie ist in allen engen Beziehungen notwendig, vor allem:

- wenn der andere mehr von uns erwartet als wir geben können
- wenn der andere mehr von uns erwartet als wir geben wollen
- wenn der andere uns versucht zu benutzen bzw. auszunutzen
- wenn das Verhalten/die Worte des anderen uns mehr belasten als bereichern
- wenn mit zu großer Nähe zu große Verletzungsgefahr verbunden ist
- wenn es dem Gegenüber an Respekt vor unserer Privatsphäre mangelt, er zu wenig Abstand hält, uns zu nahe tritt
- wenn wir aufgrund von Überforderung gesundheitliche Folgen spüren.

Gerade bei engen Familienmitgliedern oder Freunden ist diese Gefahr besonders groß, gleichzeitig ist hier auch unsere Hemmung, Grenzen zu ziehen und Nein zu sagen bzw. Abstand zu suchen, besonders groß. Denn:

- wir wollen unsere (Christen-) Pflicht tun und haben nicht gelernt, auch mal Nein zu sagen
- wir wollen den anderen nicht enttäuschen, weil er uns dann evtl. Vorwürfe macht oder sich von uns beleidigt zurückzieht (Liebesentzug)
- wir wollen nicht egoistisch sein und Schuldgefühle haben
- wir sind konfliktscheu und geben um des lieben Friedens willen nach.

Das sind alles verständliche Gründe, doch sie dürfen nicht dazu führen, dass für uns irgendwann einer der drei folgenden Sachverhalte zutrifft:

- Wer immer nur gibt, gibt irgendwann auf, bzw.; Der Krug geht so lange …
- Gutmütigkeit ist ein Stück …
- Wer Ja sagt und Nein denkt, kommt unter Stress und wird langfristig unzufrieden und angespannt. Die Folge: Krankheit.

Grenzen ziehen wir beispielsweise durch:

- räumliche Distanz
- klare Eigentumsverhältnisse: es ist deutlich, wem was gehört und diese Grenzen werden gewahrt
- Begrenzung der Zeit, die man jemandem widmet
- sich um klare Sprache bemühen: **Ich will!** Nicht: man sollte vielleicht, möchtest du? Wäre es nicht gut, wenn? Ja und Nein!
- Grenzverletzungen nicht einfach hinnehmen, sondern ansprechen!
- Merke: Je klarer die Ich-Botschaft, desto größer der Druck auf den

anderen, nicht einfach darüber hinwegzugehen.

- Sich wappnen gegen Einwände wie „Das haben wir doch immer / noch nie so gemacht! – Was ist denn in dich gefahren? – Das macht niemand außer dir!“

Doch nun noch **ein Wort zur Konfliktscheu**, die es uns schwer macht, Grenzen zu ziehen. Diese Konfliktscheu ist verständlich, denn nichts belastet uns Menschen mehr als Unfrieden, wie der Freiburger Medizinprofessor und Psychotherapeut Joachim Bauer (Prinzip Menschlichkeit) nachgewiesen hat. Wer in Konflikten lebt oder in Einsamkeit, hat einen erhöhten Spiegel an Stresshormonen im Körper. (Seiten 64, 66, 68). Wir leiden unter sozialem Schmerz wegen Konflikten oder Einsamkeit genauso wie unter körperlichem Schmerz (78).

Darwins Annahme, dass in der Evolution nur diejenigen mit den härtesten Ellenbogen überleben (Prinzip Konkurrenz), hat sich als grundlegend falsch erwiesen. Es überleben langfristig nur jene, die mit anderen gut kooperieren und auskommen. (123, 127) Doch der äußere Frieden, der durch **Nachgeben** aufrechterhalten wird, ist ein **Scheinfrieden**. Er sollte uns nicht blind dafür machen, dass wir unseren inneren Frieden verlieren und über unsere Kräfte leben, was langfristig wiederum in Krankheit mündet. Das Ziel muss also sein: Grenzen ziehen, Frieden erhalten.

III. Liebe zu Gott

Es ist ja kein Zufall, dass Jesus das Gebot der Gottesliebe **vor** das Gebot der Nächstenliebe gestellt hat. Die Gottesverbundenheit ist sozusagen der Boden, in dem unser Lebensbaum verwurzelt ist.

Wir sind beim Glauben darauf angewiesen, dass er uns von anderen Menschen glaubwürdig vermittelt wird. Niemand kann ohne eine Form des Zeugnisses anderer Menschen einen Zugang zu Gott finden. Andererseits sollten wir im Glauben irgendwann auch erwachsen werden, d.h. nicht immer nur an den Lippen anderer Menschen hängen, sondern auch selbst vom Baum der Erkenntnis essen, d.h. uns ein eigenes Urteil bilden.

Was kann die Gottesverbundenheit uns geben:

- **Halt**. Glaube verleiht, richtig verstanden, seelische Unabhängigkeit. Unser Wert besteht dann nicht nur darin, was andere von uns denken, auch nicht nur in unserer Leistung, sondern darin, dass „unsere Namen im Himmel geschrieben sind." Diese Unabhängigkeit lässt uns auch negative Rückmeldungen wie Unverständnis, Anklagen, Missachtung eher ertragen, wie Jesus, der kurz vor seiner Verhaftung sagte. „Ihr werdet mich alle alleinlassen, aber ich bin nicht allein, denn der Vater ist bei mir." (Joh. 16, 32).

Gerade in den Belastungszeiten ist die persönliche Beziehung, der Glaube an einen personalen Gott, der in unbegreiflicher Weise jedem Einzelnen zugewandt ist, bedeutsam. Zur seelischen Unabhängigkeit gehört m.E. auch die Unabhängigkeit, was unsere Werte betrifft: Ich muss nicht mit dem Strom schwimmen, um mich wertvoll zu fühlen. Albert Schweitzer sagte: „Ich will unter keinen Umständen ein Allerweltsmensch sein". Die Kraft dazu bezog er aus seinem Glauben.

- **Nahrung/Energie.** Menschliche Liebe ist nach dem Prinzip „do ut des" oder „Wie du mir, so ich dir" ausgerichtet. Jesus hat dieses Prinzip deutlich beim Namen genannt, als er sagte: „Wenn ihr die liebt, die euch lieben, das tun die Heiden auch. Und wenn ihr denen Gutes erweist, die euch Gutes erweisen, das tun die Heiden auch." (Luk. 6, 32f).) Die wahre Liebe zeigt sich darin, dass wir nicht immer im Verhältnis 1:1 zurückbekommen, was wir geben. Dass wir Hass nicht mit Hass beantworten müssen, Verletzungen nicht mit Verletzungen heimzahlen müssen.

- **Hoffnung** über dieses Leben hinaus. Gerade im Alter ist es wichtig zu wissen, dass wir hier „keine bleibende Stadt" haben und dass alle menschlichen Beziehungen einmal enden. Es ist wichtig zu wissen, wohin wir gehören und wohin wir gehen. Ein wunderschönes Lebensmotto ist in dem Lied: „Gott ist gegenwärtig" (Ev. Gesangbuch Nr. 165) zu finden:

Du durchdringest alles,
lass dein schönstes Lichte,
Herr, berühren mein Gesichte.
Wie die zarten Blumen
willig sich entfalten
und der Sonne stille halten,
lass mich so,

still und froh,
deine Strahlen fassen
und dich wirken lassen.

Mache mich einfältig,
innig abgeschieden,
sanft und still in deinem Frieden;
mach mich reinen Herzens,
dass ich deine Klarheit
schauen mag in Geist und Wahrheit.
Lass mein Herz
überwärts
wie ein Adler schweben
und in dir nur leben.

Wunder des Lebens – aus der Sicht des Arztes

Erkenntnisse und Möglichkeiten der Medizin sind gewaltig, vor welche Herausforderungen stellen sie uns?

Prof. Dr. med., Dipl.Biochem. Wolfgang Beischer

Krankheiten zu heilen, ist die wichtigste Aufgabe der Medizin. Die richtige Therapie ist allerdings nur mit der richtigen Diagnose möglich. Einen Zustand als krankhaft zu erkennen, setzt jedoch voraus, dass wir den Zustand der Gesundheit genau kennen.

Am Anfang ihres Studiums lernen die Medizinstudenten deshalb den Aufbau und das Funktionieren des gesunden Körpers kennen, was vor allem in den Fächern Anatomie, Biochemie, Physiologie und Psychologie geschieht. Diese Fächer vermitteln in vielfältiger Weise **Wunder des Lebens**, indem wir erfahren, wie wunderbar unser Körper aufgebaut ist und wie Gewebe und Organe in wunderbarem Wechsel- und Zusammenspiel gesundes menschliches Leben ermöglichen.

Erst danach lernen die Medizinstudenten krankhafte Abweichungen vom Gesunden in Aufbau und Funktion des Körpers kennen. Dies geschieht in der Pathologie und in einer Vielzahl medizinischer Fachgebiete, deren Benennung sich in erster Linie an den erkrankten Organen orientiert.

Der für die Medizin entscheidende Schritt folgt allerdings erst jetzt. Die Medizin hat im Laufe ihrer Entstehung und Entwicklung gelernt, Krankheit in Gesundheit zurück zu verwandeln, oder durch Krankheit entstehende Einschränkungen zu verringern und Schmerzen durch

Krankheit zu lindern. Aus der Sicht des Arztes zählen diese Möglichkeiten im Umgang mit der Krankheit ebenfalls und in besonderer Weise zu den **Wundern des Lebens.**

Nach dieser Einführung gliedert sich mein Beitrag im Folgenden in zwei Teile:

Im ersten Teil möchte ich die Entstehung und die Entwicklung der abendländischen Medizin darstellen, dabei kommt dem Christentum eine ganz wichtige Rolle zu.

Im zweiten Teil möchte ich auf die Herausforderungen eingehen, vor denen die Medizin bei uns heute steht.

Teil 1: Entwicklung der abendländischen Medizin

Griechenland als Geburtsstätte

Die Geburtsstätte der abendländischen Medizin befindet sich in Griechenland. In Griechenland gab es mehrere medizinische Schulen. Hippokrates (460- 377 v.Ch.) und seine Schüler sind uns allen ein Begriff. Ihr Wissen fand seinen Niederschlag in einer Büchersammlung, dem Corpus Hippocraticum. Vier Charakteristika zeichnen die hippokratische Medizin aus:

1.) Sie war geprägt von materiell-naturwissenschaftlichem Denken, die Seele wurde als Dienerin des Körpers angesehen.

2.) Die ärztliche Kunst war eingebettet in die göttliche Tradition. Der zuständige Gott war Asklepius. Sein Wahrzeichen, die um einen Stab gewundene Schlange, ist bis heute ein ärztliches Standessymbol.

3.) die Ursachen von Krankheiten wurden als natürlich und nicht als von Gott gewollt oder vermittelt angesehen.

4.) Krankheit, Patient und Arzt bildeten eine interaktive Einheit. Die wichtigste Tugend des Arztes war die Philia, d.h. die Liebe und Zuwendung zu seinem Patienten. Diese Haltung fand ihren Niederschlag im allgemein bekannten Eid des Hippokrates.

In der Antike war es vor allem Galen aus Pergamon (129-216 n.Ch.), der in Rom als Arzt des Kaisers Marc Aurel die hippokratische Medizin weiterführte und ausbaute. Die von ihm geprägte Lehre von den vier Säften hat bis ins Mittelalter Geltung behalten.

Das Christentum als Religion der Heilung

Während im Alten Testament Krankheit als Unreinheit galt und Kranke aus der Gemeinschaft mit Mensch und Gott ausgeschlossen waren, berichten alle vier Evangelien im Neuen Testament vom vielfältigen Einsatz Jesu für Heilung und Heil kranker Menschen. Mit dem Begriff Heilung wird in den vier Evangelien allerdings ein unterschiedlicher Anspruch verbunden, besonders hoch ist er im Lukasevangelium, in ihm sind Sich Kümmern und intensive menschliche Zuwendung eine wichtige Quelle der Heilung.

Auf einer Reise erfuhr ich 2010 in Nepal, dass die Aussicht auf Heilung die hohe Attraktivität der christlichen Religion in Nepal begründet.

Der Theologe und Psychoanalytiker unserer Zeit Ritschel ordnet dem Begriff Heilung folgende vier Dimensionen zu:

- Selbstheilung
- Heilung durch Reparatur
- Leben lernen mit Einschränkungen
- Akzeptanz der Endlichkeit

Die Dimension Heilung durch Reparatur spielt in unserer heutigen Medizin sicher die wichtigste Rolle, wir werden hierauf noch zurückkommen.

In welche Dimension ordnen wir die Heilungswunder ein, die Jesus vollbracht hat? Hat Jesus durch seine intensive Zuwendung zu den Kranken diese gelehrt, mit Einschränkungen zu leben, oder die menschliche Endlichkeit zu akzeptieren, oder brauchen wir für die Bewertung der Taten Jesu eine weitere Dimension von Heilung? Eine Dimension, die unsere menschliche Vorstellungskraft und die menschlichen Möglichkeiten bei weitem sprengt, die Dimension der Heilung durch Neuschöpfung! Unser Glaube an die Auferstehung Jesu von den Toten gründet ebenfalls auf dieser göttlichen Dimension von Heilung, der Neuschöpfung.

Jesus Kampf gegen Krankheit, sein Einsatz für Heilung und Heil zeigen, dass Krankheit nicht von Gott kommt und dass Gott nicht möchte, dass wir Menschen unter Krankheiten leiden. Aus dieser Erkenntnis leitet sich ein geändertes Verständnis von Gottes Schöpfung ab, das in Einklang steht mit den heutigen Vorstellungen von Medizin und Biologie.

Gott hat seinem Geschöpf, dem Menschen, von Anfang an viel Freiheit zugeordnet. Er hat ihn als Verwalter der Erde eingesetzt und ihn wegen der zu erwartenden Probleme und Herausforderungen mit Fellen und Röcken warm eingekleidet. Die Endlichkeit des Menschen und aller Kreatur ist ein göttliches Grundprinzip der Schöpfung.

Gottes Schöpfung ist kein abgeschlossener Akt, sondern ein sich ständig weiterentwickelnder Prozess, der nach den Prinzipien der Evolution verläuft, wie sie Darwin im 19. Jahrhundert als Erster erkannt hat.

Das Selektionsprinzip der Evolution ist Lebenstüchtigkeit. Krankheit folgt aus den Spielregeln der Evolution und aus der Vorgabe der Endlichkeit. Benachteiligung durch Krankheit oder Bevorzugung wegen besonderer Lebenstüchtigkeit sind nicht im Sinne Gottes, vor ihm sind alle Menschen gleich! Jesus wendet sich deshalb den Benachteiligten besonders zu und nimmt den Kampf gegen die Krankheit auf. Jesu Sendbote, der Heilige Geist, befähigt uns im Sinne von Gott und Jesus auch weiterhin für Benachteiligte und gegen Krankheit zu kämpfen.

Eine entscheidende Wende in der Einschätzung von Krankheit vollzog sich auf dem *Konzil von Karthago*, im Jahr 419. Dort setzte sich die Ansicht durch, dass alles, was von Gott kommt, perfekt sein muss und damit auch nicht mit Krankheit und Leiden behaftet sein kann. Auch die Unsterblichkeit ist Ausdruck dieser Perfektion. Tod und Krankheit sind demnach Folgen der menschlichen Sünde und Schuld. Die von Adam und Eva begangene Sünde pflanzt sich als Erbsünde auf alle Menschen fort.

Die Ansicht, dass Krankheit eine Folge der Sünde des Menschen ist, hat über 1000 Jahre die Einstellung der Menschen zur Krankheit geprägt und spielt bis heute eine Rolle. Nicht selten habe ich Patienten erlebt, die einen Zusammenhang zwischen ihrer Krankheit und eigener Sünde und Schuld herzustellen versuchten und ihre Krankheit als Strafe Gottes für ihr Verhalten sahen.

Dabei hatte sich mit der Reformation und vor allem mit den Lehren *Calvins* eine entscheidende Änderung der Einstellung gegenüber Krankheit ergeben.

Calvin sah die Heilkunde als eine Gabe des Geistes Gottes. Die sich hieraus für Calvin und seine Anhänger ergebenden Konsequenzen lassen sich in vier Punkten zusammenfassen:

- Durchbrechung der Doktrin von der Krankheit als Strafe Gottes
- Auftrag zur Förderung der wissenschaftlichen Medizin, dies führte zur Gründung einer medizinischen Fakultät an der Universität Genf
- Notwendigkeit der seelsorgerischen Zuwendung gegenüber den Kranken
- Diakonisches Engagement als kirchliche Aufgabe

Damit war eine Rückbesinnung auf die Vorstellungen des frühen Christentums und die Entwicklung hin auf unsere oben dargestellten heutigen Vorstellungen in die Wege geleitet.

Über 250 Jahre später, zu Beginn des 19. Jahrhunderts, sah der Theologe und Philosoph *Friedrich Schleiermacher*, der u.a. als Seelsorger in der Berliner Universitätsklinik, der Charité, tätig war,

Krankheit als natürliche Folge der Endlichkeit des Menschen an, die es mit allen verfügbaren Mitteln zu bekämpfen galt. Schleiermacher bezieht sich dabei vor allem auf das neunte Kapitel des Johannesevangeliums, in dem in beeindruckender Weise die Heilung des Blindgeborenen durch Jesus beschrieben wird. Er vertritt die Ansicht, dass so wie Jesus beim Blindgeborenen seine Wunderkraft demonstriert, die Menschheit an natürlichen Übeln die Fähigkeit zur Naturbeherrschung demonstrieren möge.

Im 20. Jahrhundert ist es der Schweizer Theologe *Karl Barth*, der Krankheit als Zeichen der Chaosmacht sieht, die die Schöpfung bedroht, als Kundgebung des Teufels und der Dämonen. Karl Barth sieht Anlass zur Anklage beim rettenden Gott. Auch er sieht den Auftrag an uns, Krankheit mit allen Mitteln zu bekämpfen.

Es sind u.a. die Ansichten von Calvin und Schleiermacher, die das Interesse von Physik und Chemie an der Medizin anstoßen, so entstehen Jatrophysik und Jatrochemie. Ausdruck dieses fruchtbaren Interesses ist z.B. die Entdeckung des Blutkreislaufs durch Harvey im Jahr 1628.

Naturwissenschaft und Technik prägen die Entwicklung der modernen Medizin

Ab der 2. Hälfte des 19. Jahrhunderts werden durch die enge Verbindung der Naturwissenschaften mit der Medizin die fachlichen Grundlagen der Medizin von heute gelegt. Auch für die Medizin gilt jetzt, dass alle Erkenntnis empirisch zugänglich und im wissenschaftlichen Experiment überprüfbar sein muss. Von den neuen Erkenntnissen profitieren zunächst vor allem Physiologie, Biochemie, Anatomie, Pathologie und Mikrobiologie. Die neuen Erkenntnisse und Entdeckungen verbinden sich mit berühmten Namen wie z.B.: Bernard, Naunyn, Pasteur, Semmelweis, Virchow ...

Robert Koch (1843-1910) führte den Nachweis, dass lebendige Mikroorganismen die Erreger von Infektionskrankheiten sind; 1876 entdeckte er die Milzbrandsporen, 1882 den Tuberkelbazillus und 1883 den Vibrio Cholerae, den Erreger der Cholera. Aus dieser Entdeckung entwickelte sich die Bekämpfung der Infektionskrankheiten, ein Meilenstein in der Medizin, der entscheidend zur Lebensverlängerung der Menschen beitrug. Ein weiterer wichtiger Schritt in dieser Entwicklung war die Entdeckung des Penicillins durch *Alexander Fleming*, 1928. Die Entdeckung einer Vielzahl weiterer Antibiotika folgte. Mit der Entwicklung von Resistenzen vieler Keime gegen Antibiotika, über die aktuell auch in den Medien berichtet wird, ist die Medizin heute im Bereich der Infektionskrankheiten erneut vor große Herausforderungen gestellt.

Erst seit den Fünzfigerjahren des 20. Jahrhunderts hielt die technische Revolution Eingang in die moderne Medizin. Techniken wie Ultraschall, Computertomografie (CT), Kernspintomografie (MRT), Positronen-emissionstomografie (PET)... dienen in erster Linie der medizinischen Diagnostik; beim Einsatz von Techniken wie Endoskopie und Herzkatheter verbinden sich inzwischen häufig Diagnostik und Therapie; in der Strahlentherapie, bei der Dialyse (künstlichen Niere), bei künstlichen Gelenken, der Organtransplantation und in der Mikrochirurgie steht der therapeutische Einsatz im Vordergrund. Viele weitere technische Hilfsmittel für Diagnostik und Therapie ließen sich aufzählen.

Fortschritte in der Pharmakologie, der Lehre von den Arzneimitteln, haben eine pharmazeutische Industrie entstehen lassen, die für eine Vielzahl von Erkrankungen mehr oder weniger wirksame Medikamente produziert.

Der Leib, ein Gebilde aus Körper *und* Seele

Parallel zur Entwicklung in der naturwissenschaftlichen Medizin ergaben sich – wenn auch mit geringerer Dynamik – ebenfalls Fortschritte in der Medizin für die Seele. Der französische Philosoph, Mathematiker und Physiker René Descartes (1596-1650) definierte zwei Komponenten des Leibs, die Res extensa – den Körper – und die Res cognitans – die Seele.

Georg Ernst Stahl (1659-1734), Medizinprofessor in Halle und Mitglied der pietistischen Erweckungsbewegung, propagierte in seiner Schrift „Theoria medica vera“ das Gemüt als Steuerungsorgan des Körpers. In seiner spiritualisierten Physiologie sind Nerven und Muskeln die Vermittler zwischen Seele und Körper.

Das Deutsche Ärzteblatt berichtet in seiner Ausgabe vom 4.5.2012 über Friedrich Schiller und die Medizin. 1780 veröffentlicht Schiller in der Karlsschule des Herzogs Karl Eugen seine medizinische Dissertation mit dem Titel: „Versuch über den Zusammenhang der thierischen Natur des Menschen mit seiner geistigen.“ Er berichtet darin über zwei Fundamentalgesetze: die Steuerung des Leibes durch die Seele

(Influxus Animae) und die Steuerung der Seele durch den Leib (Influxus Corporis). Er spricht die Vermutung aus, dass die Nerven die Steuerung vermitteln!

Parallel entstehen die „Räuber“, die im Januar 1782 in Mannheim uraufgeführt werden und die Fahnenflucht des Regimentsmedikus Schiller einleiten. Anstatt eines großen Arztes ist aus Friedrich Schiller ein großer Dichter und Denker geworden!

Im naturwissenschaftlichen Boom des 19. Jahrhunderts wird die Seele als eine Funktion des Gehirns eingestuft. Sigmund Freud (1856-1939) ist von Haus aus Neuropathologe und entwickelt mit seiner Psychoanalyse eine Art von virtueller Anatomie und Physiologie der Seele.

Teilweise auf *Sigmund Freud* aufbauend, entwickelt Victor von Weizäcker (1886-1957) die Integrative Heilkunst oder Anthropologische Medizin, sozusagen als Vorläufer unserer heutigen Psychosomatik. Er unterscheidet zwischen objektiver Krankheit und subjektivem Kranksein. Letzteres ist für den Arzt und für seinen Ansatz der Therapie ausschlaggebend. Folgendes Zitat von *Victor von Weizäcker* charakterisiert den Ansatz seines Denkens und seiner Vorstellung der engen Beziehung zwischen Seele und Körper in unserem Leib besonders gut:

„Was wir im Bewusstsein verbannen, wird im Körper wirksam und was wir ins Bewusstsein ziehen, verliert seine leibliche Kraft.“

Teil 2: Herausforderungen für die Medizin von heute

Zwei Kategorien von Herausforderungen müssen unterschieden werden:

A) Die erste Kategorie betrifft fachliche Herausforderungen, die sich aus dem aktuellen Stand der Medizin ableiten.

B) Die zweite Kategorie betrifft ethisch–gesellschaftspolitische Herausforderungen.

Teil 2A: Fachliche Herausforderungen

Die fachlichen Herausforderungen sind vielfältig. Jeder Fachbereich der Medizin kann seine spezifischen Herausforderungen benennen. Auf drei Beispiele von allgemeinerem Interesse möchte ich in Kürze eingehen:

- Herz-Kreislauferkrankungen sind die häufigste Todesursache in Deutschland. Stoffwechselstörungen, die zur Gefäßverkalkung führen, sind die Ursache vieler dieser Herz-Kreislauferkrankungen. Diese Stoffwechselstörungen entstehen aus der Wechselwirkung unserer genetischen Veranlagung mit den individuellen Umweltbedingungen. Von diesen Umweltbedingungen sind Ernährung und Bewegung die wichtigsten. Prävention lautet die große Herausforderung, sprich Vorbeugung gegen die Entstehung vieler Herzkreislauferkrankungen durch Änderung der Umweltbedingungen. Die Schwierigkeit besteht darin, geeignete Mittel und Wege zur Umsetzung der Prävention zu entwickeln.

- In der medikamentösen Therapie orientiert sich die Auswahl eines Medikaments bisher am Krankheitsbild und an den Beschwerden und nicht am individuellen Patienten. Aus der Onkologie, aber auch aus anderen Bereichen der Medizin wissen wir inzwischen allerdings, dass das gleiche Medikament bei dem gleichen Krankheitsbild und gleichen Beschwerden abhängig vom individuellen Patienten unterschiedlich gut wirken kann. Ziel einer Individualisierten oder Personalisierten Medizin in der Zukunft muss es sein, nur Wirkstoffe zu verordnen, deren Wirksamkeit beim individuellen Patienten gewährleistet ist. Das setzt voraus, dass wir beim Patienten Marker identifizieren können – z. B. auf der Oberfläche von dessen Blutzellen, die die Wirksamkeit eines bestimmten Medikaments erkennen lassen.

Ansätze für die Personalisierte Medizin gibt es bereits, es wird sicher noch lange dauern, bis sie für die Mehrzahl der Medikamente möglich ist, da in der Regel für unterschiedliche Medikamente auch unterschiedliche Marker gefunden werden müssen.

- Selbstheilung und Reparaturmedizin sind die bisherigen Einsatzschwerpunkte unserer Medizin. In einigen Bereichen stößt die Medizin heute allerdings in den Bereich der Neuschöpfung vor. Das gilt für die Transplantationsmedizin, die Stammzelltherapie und – besonders aktuell – die Präimplantationsdiagnostik (PID).

Ich bin der Ansicht, dass auch für die PID das Motto Calvins gilt, dass sie eine Gabe des Geistes Gottes ist, und dass wir sie nutzen und keinesfalls generell verbieten sollten. Die im Bundestag getroffene Entscheidung, die PID unter strengen Auflagen zuzulassen, erscheint mir als angemessen. Meines Erachtens sollte immer, wenn die Medizin die Grenze zur Neuschöpfung überschreitet, eine wissenschaftlich-ethische

Begleitung erfolgen, die die langfristigen Konsequenzen beobachtet und öffentlich macht.

Teil 2B: Ethisch–gesellschaftspolitische Herausforderungen

Die **Arzt–Patientenbeziehung** und das **ärztliche Ethos** haben sich im Laufe der Geschichte der Medizin - ganz besonders in den letzten 50 Jahren – grundlegend geändert.

Den Patienten, den hilfesuchenden und zuwendungsbedürftigen Menschen gibt es zwar nach wie vor, aber immer häufiger ist aus ihm der selbstbestimmte und autonome Partner und in den letzten Jahren zunehmend der Kunde geworden, der seinen Arzt in der Pflicht sieht, ihm gegenüber eine Dienstleistung zu erbringen.

Die Änderung in der Arzt–Patientenbeziehung wirkt sich auf das Ethos aus. Einschneidende Auswirkungen auf das Ethos haben auch die **Vorgaben der Gesundheitspolitik** der vergangenen Jahre, auf die ich deshalb kurz eingehen muss.

Im Krankenhaus – meinem Kompetenzbereich – ist in den letzten ca. 10 Jahren eine grundlegende Umstellung der Finanzierung erfolgt. Während die Finanzierung früher auf der Grundlage der belegten Betten im Krankenhaus erfolgte, orientiert sich die Vergütung jetzt an der beim einzelnen Patienten erbrachten Leistung, an dem sogenannten DRG – System. DRG ist die Abkürzung für „Diagnosis Related Groups“.

Das System stellt die Hauptdiagnose des Patienten als Kriterium in den Mittelpunkt. Durch weitere Diagnosen und andere Begleitumstände, wie z.B. das Alter, errechnet sich nach einem komplexen System der von den Krankenkassen zu zahlende Preis. Nicht selten beeinflussen subjektive Einschätzungen, die zwischen Krankenhaus und Krankenkasse differieren können, das Rechenergebnis, was häufig Einsprüche der Krankenkassen und z.T. langwierige Streitigkeiten mit deren medizinischen Diensten nach sich zieht. Jährlich werden auf Grund von Leistungsdaten Anpassungen des DRG-Systems vorgenommen.

Mit dem erklärten politischen Ziel, die Krankenhausausgaben gesund zu schrumpfen, unterlagen die mit dem DRG-System erzielten Ergebnisse über viele Jahre einer zusätzlichen strikten Kostendeckelung. Die Krankenhäuser haben mit z.T. tiefgreifenden Strukturveränderungen und Personalabbau insbesondere in der Pflege reagiert. Inzwischen ist bei den Krankenhäusern der finanzielle Notstand ausgebrochen. Der Dachverband, die Deutsche Krankenhausgesellschaft, hat Ende April 2011 mit einer Informationskampagne von Patienten und Öffentlichkeit begonnen. Der frühere Vorsitzende der Krankenhausgesellschaft, Herr *Dr. rer. pol. Rudolf Kösters*, schrieb in einem Artikel im Deutschen Ärzteblatt vom 23. 3. 12 u.a.:

„Nach 20 Jahren Effizienzreservenbehauptung muss die Politik endlich zur Kenntnis nehmen, dass es diese nicht mehr gibt – zumindest nicht im systemrelevanten Masse. Die Politik der systemischen Unterfinanzierung der Krankenhäuser führt in ein Desaster: wirtschaftlich und medizinisch-

ethisch. Und die Politik muss sich sagen lassen, dass sie dazu nicht nur Beihilfe geleistet, sondern es verursacht hat.“

Die finanzielle Lage der Krankenhäuser wird außerdem dadurch erschwert, dass sich bei den Investitionen im Krankenhaus, die den jeweiligen Bundesländern obliegen, über Jahre ein ausgeprägter Investitionsstau aufgebaut hat, er beträgt in Baden-Württemberg über eine Milliarde Euro. Aus Gründen der Konkurrenzfähigkeit ergab sich damit der Zwang, zumindest einen Teil der dringend erforderlichen Investitionen aus den laufenden Mitteln zu erwirtschaften.

Zurück zur Ausgangsfrage:

Die Veränderung des ärztlichen Ethos in der Geschichte der Medizin

Die griechische Medizin setzte mit ihrer Philia, dem Ethos der Zuwendung und der Mitmenschlichkeit, Maßstäbe. Dieses Ethos setzte sich fort, es wurde durch das Christentum mit dem Ethos der Barmherzigkeit neu belebt und - wie oben dargestellt - durch die Reformation und den Calvinismus aufgefrischt und intensiviert. Mit dem Einzug der Naturwissenschaften in die Medizin kam ab Mitte des 19. Jahrhunderts zum Ethos der Mitmenschlichkeit das Ethos der Wissenschaftlichkeit hinzu; ab Mitte des 20. Jahrhunderts ergab sich eine weitere Ergänzung durch das Ethos der technischen Perfektion.

Die von der technischen Perfektion gestellten Ansprüche an intellektueller Zuwendung und an zeitlichem Einsatz sind in einigen Bereichen der Medizin so dominant geworden, dass das Ethos der technischen Perfektion Gefahr läuft zum Ethos der Mitmenschlichkeit in Konkurrenz zu treten.

Die oben dargestellten gesundheitspolitischen Maßnahmen im Krankenhaus und eine damit erfolgte Ökonomisierung, die auch die ambulante Medizin betrifft, die von den niedergelassenen Ärzten betrieben wird, haben das Ethos der Wirtschaftlichkeit entstehen und in kurzer Zeit sehr stark wachsen lassen.

Das Ethos der Wirtschaftlichkeit durchdringt inzwischen alle Bereiche der Medizin, einer Medizin, in der menschliche Zuwendung im System nicht mehr vorgesehen und zu einer schönen Beigabe verkommen ist; einer Beigabe, die erfreulicherweise von vielen Ärzten noch angeboten wird.

Dabei besteht unverändert ein hoher Bedarf an menschlicher Zuwendung, insbesondere bei Menschen, die den Arzt aufsuchen, weil sie akut von einer Erkrankung überfallen wurden. Nach meiner Erfahrung ist der Arzt für diese Menschen eine sehr wichtige Vertrauensperson.

Meines Erachtens zeigt der Umstand, dass 60% der Bundesbürger alternative medizinische Angebote in Anspruch nehmen, einen Vertrauensschwund. Diese alternativen Angebote reichen von der Naturheilkunde über fernöstliche Medizin bis zu Schamanen und Geistheilern.

Zurück zur Ökonomie! Ökonomisches Denken in der Medizin ist fraglos unabdingbar, damit mit den knappen verfügbaren Mitteln möglichst vielen kranken Menschen geholfen werden kann. Jedoch muss die Ökonomie im Dienst der Medizin stehen und keinesfalls darf die Medizin im Dienst der Ökonomie stehen!

Wenn die Medizin im Dienst der Ökonomie steht, lauern zwei Versuchungen bzw. Gefahren:

- Die eine Gefahr besteht darin, dass medizinische Indikationen bei Maßnahmen, die ökonomisch lohnend sind, sehr großzügig gestellt werden. Soweit es sich um therapeutische Eingriffe, wie zum Beispiel Operationen handelt, geht der Patient dabei ein unnötig hohes Risiko ein.

Für das Gesundheitssystem ergibt sich daraus das Problem eines Verbrauchs von Ressourcen, die an anderer Stelle nicht mehr zur Verfügung stehen; im DRG System wird damit außerdem der sogenannte Basisfallwert abgesenkt, was zu einem Abfall aller Preise führt, eine wahrhaft teuflische Spirale!

- Die andere Gefahr betrifft die Einschränkung oder Unterlassung medizinisch notwendiger Maßnahmen, weil sie sich ökonomisch nicht lohnen.

Zwei Fachbereiche der Medizin sind in dieser Hinsicht besonders gefährdet: die Intensivmedizin und die Geriatrie. Die Konflikte, die sich hier zwischen Medizin und Ökonomie ergeben, wurden von *Prof. Dr. med. Giovanni Maio*, dem Leiter des Instituts für Ethik und Geschichte der Medizin an der Universität Freiburg in hervorragender Weise dargestellt (Ärzteblatt Baden-Württemberg, Heft 04, 2011, Seite 240-243, abrufbar unter: www.aerzteblatt-bw.de).

Die Ökonomisierung der Medizin ist weit fortgeschritten. Wir sind alle zur größten Wachsamkeit aufgerufen!

Es muss unser aller Ziel sein, wieder und dauerhaft zu gewährleisten, dass die Ökonomie im Dienste der Medizin steht und keinesfalls umgekehrt die Medizin von der Ökonomie beherrscht wird.

Einleitend hatte ich festgestellt, dass es eine Aufgabe der Medizin ist, die **Wunder des Lebens** zu bewahren und dass es gleichzeitig zu den **Wundern des Lebens** gehört, dass Gott der Schöpfer uns Menschen diese Aufgabe anvertraut hat. Mit einer von der Ökonomie bestimmten Medizin wird dieser Einschätzung jeglicher Boden entzogen. Kämpfen Sie mit mir dafür, dass es gelingt, die Ökonomie wieder in den Dienst der Medizin zu stellen!

„Zum Bilde Gottes schuf er sie“

Prof. Dr. Dr. habil. Rainer Mayer

1. Orientierung zum Thema: Gott, Mensch, Wissenschaft und Wirklichkeit

1.1. Wissenschaft und Theologie

„Wunder des Lebens“ – die Vortragsreihe ist weit gefasst, spitzt sich aber auf den Menschen zu: Der erste Vortrag beschäftigte sich in kosmologischer Perspektive mit Welt und Leben generell (*Wissenschaftsdisziplin: Theoretische Physik; Kosmologie*). Der zweite Vortrag wandte sich der Frage nach einer Sonderstellung des Menschen innerhalb der lebendigen Natur zu (*Wissenschaftsdisziplin*: *Biologie*). In der dritten Folge ging es vertieft um die Anthropologie, den Menschen als Wesen, das in Gemeinschaftsbeziehungen lebt (*Wissenschaftsdisziplin: Psychologie*). Beim vierten Referat ging es um Gesundheit und Krankheit (*Wissenschaftsdisziplin: Medizin*). - Es ist nicht einfach, als Theologe dem noch etwas hinzuzufügen. Was bleibt übrig, wenn die säkularen Wissenschaften *alles* über den Menschen sagen können?

Wir stehen bei einem bezeichnenden Punkt für das Denken in unserer Gegenwart. Denn wir leben in einer Zeit, in der gilt, dass Wissenschaft empirisch zu arbeiten hat. Andere Verfahrensweisen können nicht den Anspruch der Wissenschaftlichkeit erheben. Wie weit kann jedoch

Theologie primär empirisch arbeiten? Bleibt ihr bei dieser Sachlage nur noch die Möglichkeit, nach unbeantworteten Fragen zu suchen, um Gott als erklärenden Lückenbüßer einzuführen? Das wäre ein fataler Fehler! Wenn weitere Fragen im Fortschritt der Wissenschaften beantwortet werden, wird der Raum für einen solchen Lückenbüßer-Gott und die entsprechende Theologie immer enger werden. Ein derartiges Gottesverständnis würde tatsächlich Gott mitsamt der Theologie überflüssig machen! – Andererseits gibt es Realitäten, die nicht oder nur teilweise im Sinne empirischer Forschung objektivierbar sind, so z.B. die Liebe. Je näher nämlich eine Wirklichkeit dem Personalen kommt, desto weniger kann sie objektiviert werden. Anders gesagt, es besteht eine Spannung zwischen Objektivierbarkeit und Beziehungsnähe. Die theologische Anthropologie hat mit dieser Spannung zu tun.

1.2. Ein traditionelles, aber unbiblisches Gottes- und Menschenbild

Was heißt „empirisch“? Bei dieser Frage geht es um die Wirklichkeit und eine Methode, sie zu erfassen und zu beschreiben. Philosophiegeschichtlich betrachtet, stoßen wir diesbezüglich auf einen deutlichen Unterschied zur Auffassung in unserer Gegenwart.Das klassisch antik-wissenschaftliche Denken – wenn wir von der griechischen Philosophie herkommen, von Platon und Aristoteles – geht davon aus, dass Gott das Unbedingte, das Sein an sich und Absolute ist. In diesem Sinne gilt Gott auch als Schöpfer. Dabei ist die Frage nach der Stellung des Menschen schon impliziert. Es geht um das Absolute, und das ist Gott, und das mehr oder weniger Relative, und das ist alles, was aus Gott hervorgeht.

Diese Anschauung kann man sich vereinfacht als eine Seins-Pyramide vorstellen. An oberster Stelle Gott, darunter die Engel und Geister, die ebenfalls unsterblich, aber nicht mit gleicher Allmacht und Würde wie Gott ausgestattet sind, danach der Mensch, die Krone der irdischen Schöpfung, doch gefallen und sterblich, darunter die Tiere, dann die Pflanzen, zuletzt die unbelebte Natur. Gott hat alle Dinge geschaffen, sie gehen aus ihm hervor.

Wenn man in diesem Vorstellungszusammenhang die Frage unseres Themas nach der Gottebenbildlichkeit des Menschen stellt, ist die Antwort klar: In der Seins-Hierarchie der Pyramide nimmt der Mensch den höchsten Rang in der sichtbaren Schöpfung ein. Er steht zwischen Gott und der übrigen Schöpfung, ist Gottes Abbild im Diesseits, wenn auch in verminderter Vollkommenheit. Insofern ist er, wenn auch durch den Sündenfall gebrochen, göttlicher Natur. Diese Denkart möchte ich „ontologisch" nennen.

Wie aber ist die „göttliche Natur" des Menschen genauer zu beschreiben? Um was handelt es sich konkret? In der Tradition suchte man entsprechend menschliche *Wesensmerkmale* zu finden, die ans Göttliche rühren, die mithin als „quasi göttlich" gelten könnten.

Dies ist der klassisch-traditionelle Versuch, die Gottebenbildlichkeit des Menschen zu fassen. Darauf komme ich weiter unten zurück. (Ich füge gleich hinzu, dass es sich um ein unbiblisches Wirklichkeitsverständnis handelt, welches jedoch unser abendländisches Denken stark beeinflusst hat.)

1.3 Das Gottesverständnis der Bibel

Das biblische Gottes- und Menschenverständnis ist anders. Deshalb gilt es, dem bisher Gesagten gegenüber radikal umzudenken. Dies fällt uns deshalb schwer, weil sich in der abendländischen Tradition das traditionelle antike Denken mit dem biblisch-christlichen wie selbstverständlich vermischt hat. Die Folge ist ein Miteinander, Nebeneinander und Durcheinander.

Bei der Frage nach der Gottebenbildlichkeit des Menschen im biblischen Sinne geht es nicht um Ontologie, also nicht um Seinsfragen, sondern um ein *Beziehungsverhältnis*. Die Frage lautet nicht: „Was ist Gott?“ und „Was ist der Mensch?“, also substanzhaft, sondern „Wer ist Gott?“ und „Wer ist der Mensch?“, also personal und in Beziehung. Gott wird nicht als abstraktes, absolutes, unveränderliches „Sein an sich“ vorgestellt, sondern Gott ist bereits in sich selbst relational, d.h. in Beziehung, als der dreieine Gott, als Vater, Sohn und Heiliger Geist. Die Trinität sei schwer zu begreifen, sagt man. Doch gerade sie ist Ausdruck eines nicht-ontologischen, personalen Gottesverständnisses. Hier schlägt das Herz des biblischen Glaubens! Und dieser Gott ist ein geschichtsmächtiger Gott, der *Geschichte* wirkt. Kein Bildnis soll man sich von ihm machen, sondern seine geschichtsmächtigen Taten anschauen. Diese bezeugen ihn.

Was bedeutet unter diesen Voraussetzungen „der Mensch ist Ebenbild Gottes“? – Um einen Unterschied zu veranschaulichen, kann man auf die orthodoxen Juden in Jerusalemer Stadtteil Mea Shearim verweisen. Touristen fotografieren gerne die merkwürdigen schwarzen Gestalten mit ihren langen Schläfenlocken. Das aber ist verboten und kann gewaltsamen Widerstand auslösen. Warum? Weil der Mensch Ebenbild Gottes ist. Und wenn Sie einen Menschen fotografieren, dann fertigen Sie ja mindestens indirekt ein Bild von Gott an. Das Gebot lautet jedoch: „Du sollst dir kein Bildnis machen". Vielleicht denken orthodoxe Juden diesbezüglich ebenfalls zu sehr ontologisch, wie es auch im Islam der Fall ist. Das islamische Glaubensbekenntnis lautet: „Es gibt keinen Gott außer Allah, und Mohammed ist sein Prophet." Die Aussage „es gibt" ist eine ontologische Aussage. Der Islam ist primär an der ausschließlichen Existenz des *einen* Gottes im Gegensatz zum Polytheismus interessiert.

Gewiss soll man sich kein Götzenbild machen. Doch nach biblischem Denken ist das Beziehungsverhältnis von Gott und Mensch entscheidend. Es geht nicht in erster Linie um Existenz oder Nichtexistenz von anderen Göttern, sondern um die ausschließliche Beziehung zu dem sich in der Geschichte offenbarenden einen Gott der Bibel. Und diese Geschichte ist eine Erwählungs-, Rettungs- und Segensgeschichte, eine Liebesgeschichte, bei der die Liebe zuerst von Gott ausgeht! Vom Menschen wird nur dankbare Antwort erwartet.

Wir leben in einer Zeit, in der sich viele Menschen auch deshalb mit dem christlichen Glauben schwer tun, weil die Fundamente des biblischen Denkens vielfach verloren gingen. Nicht „Gott" oder Gottesbegriff als solcher ging verloren, wohl aber das biblische Verständnis davon, wer oder was „Gott" sei.

Die Muslime importieren ganz ungeniert ihre Art von Gottesglauben ins Abendland. Sprachlos stehen die Zeitgenossen davor und können nicht unterscheiden. Wer ist Gott? Der unbewegte Beweger der griechischen Philosophie? Der Eine im Unterschied zu den Vielen? Das Sein an sich?

Der Urgrund des Alls? Das denkbar höchste und mächtigste Wesen im Jenseits? Eine Projektion des Menschen (Feuerbach)? Ein „gasförmiges Wirbeltier“ (Heckel)? Irgendein philosophischer Gott? Verehren Muslime, die die Trinität strikt bestreiten und denen alles (ontologisch!) auf die reine Einzahl Gottes ankommt, denselben Gott wie wir Christen? - Selbst manche Theologen sind hilflos und behaupten, Christen und Muslime würden denselben Gott verehren. Falsch! – Der Gottesbegriff als solcher ist eine ganz verschwommene Angelegenheit. Der biblische Gott ist hingegen ein konkreter Gott, ein *persönlicher* Gott, wie wir gehört haben, ein Gott, der Geschichte wirkt und sich geschichtlich offenbart.

1.4. Der Mensch in Beziehung zu Gott

Eine weitere, bisher noch nicht genannte Voraussetzung, bildet gleichfalls eine wichtige Grundlage für das rechte Verstehen. Insbesondere seit der Aufklärungszeit ging das Wissen davon verloren, dass nach biblischem Denken die Geschichte durch einen *Kampf zwischen göttlichen und widergöttlichen Mächten* geprägt ist. Mitten in diesen Kampf ist der Mensch hineingestellt. Seit der Aufklärung gilt der Mensch als prinzipiell gut. Böse sind höchstens die Verhältnisse. Schlecht ist nur, dass der Mensch seine guten Möglichkeiten zu wenig entfaltet.

So viel zu den Denkkategorien, die weitgehend verloren gingen. Deshalb finden viele Zeitgenossen so schwer einen Zugang zur biblischen Botschaft.

Wir halten fest: Der Gott des Alten und Neuen Testaments ist ein Gott in Beziehung. Man kann die These aufstellen: *Sage mir, welches Menschenverständnis du hast und ich sage dir, welches Gottesbild du hast; und umgekehrt: Sage mir, welches Gottesverständnis du hast, und ich sage dir, welches Menschenbild du vertrittst.* Das heißt: Jede Anthropologie ohne die Gottesfrage muss kurzschlüssig bleiben. Es geht um ein Denken in Beziehungen und zwar „vertikal " zu Gott und „horizontal" zum Mitmenschen.

Nochmals: Es geht um Beziehungen. Über „Gott an sich" zu sprechen, über einen allgemeinen Gottesbegriff zu spekulieren, macht wenig Sinn. Daher lautet für Christen die entscheidende Frage: *Wie komme ich in Beziehung zu diesem Gott?* Es geht *nicht* um die Frage, was ein Gott, wie wir ihn uns vorstellen und wünschen, alles machen und tun könnte, warum er dies oder jenes tut bzw. nicht tut, sondern stets geht es um das Geschichtshandeln Gottes in persönlicher Beziehung. Darum gliedere ich die folgenden Ausführungen in drei klare und schlichte Punkte:

Die geschenkte Gottesebenbildlichkeit des Menschen
- der Mensch als Geschöpf Gottes.

Die angemaßte Gottgleichheit des Menschen
- der gefallene Mensch und Sünder.

Die Heimholung des Menschen zu Gott dem Vater
- Erlösung und Vollendung.

Es handelt sich um eine geschichtliche Gliederung, die der biblischen Gesamtschau folgt.

Die geschenkte Gottebenbildlichkeit des Menschen: Der Mensch als Geschöpf Gottes

2.1. 1. Mose 1 als Grundlage

Wir beginnen mit der Schöpfungsgeschichte, und zwar mit dem Zentralsatz aus dem priesterschriftlichen Bericht 1Mose 1, 27: „Gott schuf den Menschen nach seinem Bilde - zum Bilde Gottes schuf er ihn; männlich und weiblich schuf er sie". – Laut 1Mose 1 erschuf Gott die Welt in sechs Tagen. Der siebente Tag diente ausschließlich der Ruhe.

Wir finden in dieser Schöpfungsgeschichte verschiedene Einteilungen vor: die Sieben-Tage-Einteilung, die Einteilung in unterschiedliche Schöpfungswerke und schließlich die Einteilung in Räume, die bei Gottes Welterschaffung entstanden. Die historische Textkritik sagt deshalb, das Kapitel sei aus mehreren unterschiedlichen Quellen zusammengefügt worden. Für unsere Betrachtung ist dies jedoch nicht entscheidend. Wichtig ist insbesondere die Zahl der Schöpfungstage. Am sechsten Tag wurden die Landtiere und der Mensch geschaffen. Mit ihnen gehört der Mensch zu einer Einheit zusammen. Der siebte Tag schließlich ist ein Ruhetag. Ruhe bedeutet nicht, dass Gott sich, nachdem er sechs Tage gearbeitet hat, am siebenten vor Erschöpfung ausruhen muss.(Das gälte für einen menschlichen Arbeiter und ist mit Recht ein Grund dafür, dass sich die Gewerkschaften zusammen mit der Kirche für den Erhalt des Sonntags einsetzen.) Biblisch ist die Ruhe des siebenten Tages ein Ausdruck dafür, dass Gottes paradiesisches Schöpfungswerk vollkommen ist und nichts hinweggenommen oder hinzugetan werden muss. So verstehen übrigens auch die Juden den

Sabbat: Gottes Schöpfung ist so vollkommen, dass auch der Mensch seine Sorgen und Mühen an diesem Tag ruhen lassen und sie Gott und seiner Fürsorge in Freiheit überantworten kann. In dieser Weise wird der Sabbat sinnvoll gefeiert. Also: Gott ist nicht erschöpft. Dieser siebente Tag ist Ausdruck der Vollkommenheit der Schöpfung. Und zur schöpfungsgemäßen Vollkommenheit gehört zugleich, dass der Mensch Ebenbild Gottes ist.

An dieser Stelle sei auf eine exegetische Feinheit hingewiesen: Alle Schöpfungswerke werden ohne Unterbrechung nacheinander aufgezählt. Doch mit der Aufforderung „Lasset uns Menschen machen!" setzt der Text beim sechsten Tag ganz neu ein. Die Zäsur zeigt, dass etwas bisher nicht Dagewesenes, grundsätzlich Anderes beginnt. „Lasset uns Menschen machen" betont die hervorgehobene Stellung des Menschen. Es handelt sich um eine Selbstaufforderung Gottes im Plural und lautet nicht: „Ich will Menschen machen". Man hat diesen Plural symbolisch als alttestamentlichen Hinweis auf Gottes Trinität gedeutet. Wir müssen nicht so weit gehen, ausdrücklich von Dreieinigkeit zu reden, doch klar ist wiederum, dass hier nicht ein göttliches „höchstes Sein an sich" handelt, sondern ein persönlicher Gott in Gemeinschaft. Übrigens trägt dieser Gott – das ist im neuzeitlichen Christentum weithin nicht mehr bewusst – einen persönlichen Namen. Es gilt, an das Alte Testament und das Judentum neu anzuknüpfen.

„Allah" heißt im Vergleich dazu nur und nichts anderes als „der Gott". Es handelt sich *nicht* um einen persönlichen Namen. Das wird leider auch von christlichen Theologen oft übersehen. „Allah", „der Gott", ist eine Einheitsaussage im Unterschied zu den vielen Göttern, etwa denen, die zur Zeit Mohammeds an der Kaaba ebenfalls verehrt wurden. Allah hat keinen Namen, das wäre viel zu persönlich und eine vermenschlichende Herabwürdigung in islamischer Sicht. Ein persönlicher Name würde der Erhabenheit dieses Gottes Abbruch tun. (Die sogenannten „99 Namen Allahs“ sind Eigenschaftsbeschreibungen, keine Namen!) Der Gott den Bibel hingegen trägt einen persönlichen, einen Eigennamen. Es ist der heilige Gottesname, den die Juden aus Respekt nicht aussprechen, um ihn vor Missbrauch zu schützen. Im Alten Testament lautet er Jahwe (mittelalterlich falsch gelesen: „Jehova“), im Neuen Testament Jesus Christus. Der persönliche Name ist Ausdruck einer Ich-Du-Beziehung, wie wir es aus dem engen menschlichen Miteinander in der Liebe kennen. *Dieser* persönliche Gott ist es also, der den Menschen schafft!

2.2. Der Mensch als Gottes Geschöpf

Was bedeutet das alles für die Rede von der Gottebenbildlichkeit: „Er schuf den Menschen nach seinem Bilde“? Wenn wir vom Seinsmäßigen her, also ontologisch denken, setzen Spekulationen ein. Was könnte es sein, das einen Menschen Gott ähnlich macht? Ist es sein Verstand, ist es sein aufrechter Gang oder sein Gewissen, die Sprache, die Ethik? Alles Mögliche wurde diesbezüglich schon vermutet. Gewiss kann man über manches nachdenken. Das ist anregend. Aber es trifft das Biblische nicht. Wenn wir ontologisch denken, beginnt die Schwierigkeit bereits bei der Frage, was den Menschen gegenüber den Tieren auszeichnet. Die Biologie wird befragt. Die Philosophie trägt ihren Teil bei. Sind Tiere nicht in mancher Hinsicht höher entwickelt als der Mensch? Schließlich bleibt die resignative Frage der Skeptiker: „Was soll am Menschen, dem ‚nackten Affen‘, gottähnlich sein?“ –

Der Fehler besteht in dem Versuch, materiell erfassen zu wollen, was den Menschen gegenüber der anderen Schöpfung auszeichnet. Philosophische Überlegungen sind interessant, und biologische Betrachtungen darf man durchaus anstellen, doch man sollte nicht meinen, auf diesem Weg der „Gottebenbildlichkeit“ des Menschen näher zu kommen. Leute wie Darwin können schließlich sagen: „Nichts am Menschen ist Gott ähnlich. Alles stammt aus dem tierischen Bereich und ist evolutionär zu erklären. Was sollte besonderes am Menschen sein? Es handelt sich um eine Entwicklungsstufe.“ Eine Entwicklungsstufe kann aber, selbst wenn sie die höchste ist, und wir sie tatsächlich als solche gelten lassen, noch weiter und höher entwickelt werden. Aber das hat nichts mit „göttlich“ zu tun.

Der Alttestamentler Klaus Westermann hat in diesem Zusammenhang exegetisch darauf hingewiesen, dass mit der Aussage „Gott schuf den Menschen (sich) ihm zum Bilde (griech.: EIKON), zum Bilde Gottes schuf er ihn“ keine Aussage über das Wesen des Menschen an sich gemacht wird, sondern *eine Aussage über die Art und Weise des Schöpfungshandelns Gottes*. (Es würde zu weit führen, diese exegetische Feststellung hier im Einzelnen zu begründen und entfalten, weil es Kenntnis des Hebräischen voraussetzt.)

Der Sinn ist: *Gott stellt zu diesem Schöpfungswesen eine besondere Beziehung her. Diese geht über die Beziehung zu allem anderen, was er geschaffen hat, weit hinaus. Das ist mit „Gottebenbildlichkeit“ gemeint!* Umgekehrt bedeutet es, dass man nicht durch isolierte Betrachtung des Menschen und des „Menschlichen an sich“ feststellen kann, was „Gottebenbildlichkeit“ ist. Die Beziehung geht von Gott aus. Er sucht den Menschen. In dieser Weise ist das Wesen des Menschen auf das Wesen

Gottes bezogen. Ohne Gott lässt sich nicht angemessen vom Menschen reden. Rudolf Bultmann hat gesagt: *„Von Gott reden, heißt vom Menschen reden“.* Das ist richtig, aber umgekehrt muss man sogleich hinzufügen: „*Vom Menschen reden, heißt von Gott reden.*“ Denn stets bildet Gott die Voraussetzung. Ohne Voraussetzung der Offenbarung Gottes wird die Aussage falsch, denn vom Menschen her gibt es keinen Weg zu Gott! Gott ist das A und das O, der Anfang und das Ende, der Umfassende. Wir formulierten ja bereits: *„Sage mir, welches Menschenbild du hast, ich sage dir welches Gottesbild du hast und umgekehrt, sage mir, welches Gottesbild du hast, und ich sage dir, welches Menschenbild du vertrittst.“*

Gewiss kann man also in ontologischer Weise wissenschaftlich z.B. biologisch, medizinisch, psychologisch viel über den Menschen sagen, aber ohne die Gottesbeziehung erfasst man immer nur Bruchstücke des Menschseins. Philosophisch ausgedrückt: Bei der Gottesbeziehung des Menschen, und damit auch bei der Gottebenbildlichkeit des Menschen handelt es sich um eine „analogia relationis“, eine Entsprechung der Beziehung, nicht um eine „analogia entis“, eine Entsprechung des Seins. Das ontologische Denken und die damit verbundenen Spekulationen haben allerdings die Theologie des Mittelalters und zum Teil die Gegenwartstheologie, insbesondere im Rahmen der römisch-katholischen Kirche, geprägt. Deshalb ist die biblische Sicht vielen Zeitgenossen fremd.

Die angemaßte Gottgleichheit des Menschen: Der gefallene Mensch und Sünder

3.1. Abhängigkeit und Freiheit

Wer nichts von der Heiligkeit Gottes weiß, weiß auch nicht, was Sünde bedeutet. Unter „Sünde" wird volkstümlich etwas Moralisches verstanden, oft konzentriert auf das sexuelle Gebiet. Ernsthaft kann man dann nicht mehr über Sünde reden. Die Psychologie hat die Sünde deshalb abgeschafft.

Ist der Sündenfall, speziell der biblische Bericht vom Sündenfall in 1. Mose 3, ein Mythos oder bezeichnet er eine Realität? – („Mythos" nennt man eine Erzählung, die symbolischen Gehalt haben mag, aber ohne geschichtlich-realen Hintergrund.)

Nach der biblischen Schöpfungsgeschichte ist der Mensch mit der Gottebenbildlichkeit in die Freiheit gesetzt. Denn Gott beweist seine eigene Freiheit darin, dass er seinem Ebenbild, den Menschen, gleichfalls Freiheit gewährt. Allerdings geht es dabei nicht um Willkürfreiheit, sondern Verantwortungsfreiheit. Auch Freiheit ist hier ein Beziehungsbegriff. Gemeint ist die Freiheit des Menschen zu Gott hin und zugleich gegenüber der außermenschlichen Schöpfung. Zur Gottebenbildlichkeit des Menschen gehört darum die *Entscheidungsfreiheit*. Dem Menschen wird von Gott gesagt, er solle und dürfe sich „die Erde untertan machen" und „herrschen über die Tiere, die Vögel des Himmels und die Tiere des Feldes".

Dem jüdisch-christlichen Schöpfungsglauben wurde vorgeworfen, er sei Ursache der verschwenderischen Ausbeutung von Ressourcen und der Umweltzerstörung. Biblisch ist aber nicht von Willkürherrschaft über die Schöpfung die Rede, sondern es geht um ein königliches Walten im Sinne von Verwalten und fürsorglichem Schützen. Der Mensch erhält gemäß der „jahwistischen" Schöpfungserzählung in 1. Mose 2 den Auftrag, den Garten Eden „zu bebauen und zu bewahren" – also einen von Gottes Schöpferhandeln abgeleiteten Mit-Schöpfungsauftrag auszuführen (als „cooperator dei" – „Mitarbeiter Gottes"). Der Mensch ist der übrigen Schöpfung gegenüber souverän. Er hat Zugriff auf sie. Das ist in der Tat etwas Besonderes! Die Schöpfung darf und soll vom Menschen mitgestaltet werden. Kein anderes Lebewesen kommt dem gleich. Doch der Mensch bleibt bei all seiner Freiheit und Vollmacht Gott dem HERRN gegenüber verantwortlich. Ihm hat er über seinen Umgang mit der Kreatur, über die er gesetzt ist, Rechenschaft abzulegen.

Gott setzt damit der Freiheit eine Grenze, keine Grenze nach „unten", den Mitgeschöpfen gegenüber, sondern eine Grenze nach „oben", sich selbst gegenüber. Die Grenze „nach oben", Gott gegenüber, wirkt sich freilich auch „nach unten" aus! Aus der Verantwortung vor Gott leitet sich die Verantwortung gegenüber der Schöpfung ab. So bleibt bei aller Gottebenbildlichkeit der Abstand: Gott ist Gott und der Mensch ist Mensch. Gott ist souveräner Schöpfer und Herr, der Mensch ist Geschöpf, angewiesen auf seinen Schöpfer. Das heißt zugleich, dass der Mensch bei all seinen Möglichkeiten von dem, was Gott zuvor schuf, abhängig ist. Der Mensch kann und darf die Schöpfung gestalten, aber er ist nicht derjenige, der Schöpfung ursprünglich hervorbringt. Auch Wissenschaft und Technik können bei allen Erfolgen nur an dem weiterbauen und weiterentwickeln, was schöpfungsmäßig vorgegeben ist.

Die Grenze nach „oben“ gilt absolut. In der Schöpfungsgeschichte wird diese Grenze durch den Baum in der Mitte des Paradiesgartens, den Baum der Erkenntnis des Guten und des Bösen, symbolisiert. Adam und Eva dürfen von *allen* Bäumen essen. Nur von diesem einen Baum, der die Grenze Gott gegenüber symbolisiert, dürfen sie nicht essen. Wird diese Grenze in missverstandener Freiheit überschritten, ändert sich die Freiheit selbst. Als losgelöste Freiheit entartet sie in autonome Selbstverfügung, sie wird zur Willkürfreiheit, die nicht mehr nach Gott und dem Nächsten fragt. Diese letzte Grenze zu überschreiten, ist eine Möglichkeit menschlicher Freiheit. Aber mit diesem Übergriff fällt der Mensch tief.

3.2. „Ihr werdet sein wie Gott“

In 1. Mose 3 lesen wir, wie die Schlange Eva zu diesem Übergriff verführt. Der Text könnte aus einem psychologischen Lehrbuch stammen. Argumentativ schleicht die Schlange sich nach und nach heran: „Gott hat wohl gesagt, ‚ihr dürft von keinem Baum des Gartens essen‘!“ Eva antwortet korrekt: „Wir dürfen von den Früchten der Bäume im Garten essen, nur von den Früchten des Baumes mitten im Garten hat Gott gesagt: ‚Esst nicht davon, rührt sie auch nicht an, damit ihr nicht sterbet‘!“ – „Mitnichten werdet ihr sterben“, antwortet die Schlange, „sondern...ihr werdet sein wie Gott...“ – Erstens lügt die Schlange: „Ihr werdet mitnichten sterben.“ Das ist falsch, eine echte Lüge. Zweitens weckt sie Zweifel. „Sollte Gott gesagt haben...?“ Rebellion gegen Gott wird im menschlichen Herzen geweckt. „Gott will euch klein halten“, lautet der versteckte Vorwurf. Die Schlange unterstellt Gott Tyrannei, Einschränkung der menschlichen Freiheit. Sie suggeriert: Er will nicht, dass ihr ihm gleich seid: „Gott weiß, sobald ihr die Früchte von diesem Baum esset, werden euch die Augen aufgehen und ihr werdet sein wie Gott.“ Die Gottgleichheit an sich zu reißen, selbst Gott sein zu wollen, das ist die Urversuchung, welcher der Mensch erliegt. Das Geschöpf jedoch, das sich zum Schöpfer aufschwingt, wird scheitern – als Einzelner wie auch als Gemeinschaft: Adam und Eva, beide zusammen immer als „der Mensch“ in Einheit.

Wer losgelöst von Gottes guten Gaben in autonomer Selbstverfügung entscheiden will, was gut und böse ist, dem sind die göttlichen Lebensordnungen, wie z.B. die Zehn Gebote, keine Gnadengaben der Freiheit mehr, sondern nur Hindernisse für die ungebundene Selbstentfaltung. Sie stellen ein Ärgernis für den Menschen dar, der sich einbildet, ohne Gott frei zu sein. Das gute Gebot Gottes, die Leitplanke gegen das Ausgleiten, wird als fremdes Gesetz angesehen, als Ausdruck der Tyrannei Gottes. Es ist nicht zuerst Moral, um die es hier in der Sündenfallgeschichte geht, sondern es geht um die Rebellion gegen Gott – „ihr werdet sein wie Gott“. Das ist die Grundsünde, die Ursünde des Menschen. Dieses auch „Erbsünde“ genannte Streben ist in jedem Menschen präsent.

Von hier aus vollziehen wir nun den Sprung zum heutigen Menschen, zur Anthropologie der Gegenwart. Ich möchte hier nur einiges schlaglichtartig andeuten: Die Selbstzentriertheit des Menschen wird seit der Aufklärung als Befreiung von der „Heteronomie“ Gottes gefeiert. Die Gebote werden als ungerechte Einschränkung empfunden. Jedenfalls meint man, Gott unterdrücke die Menschen mit Gesetzen und Forderungen. Diesen Unterdrückungsgott schüttelt man selbstverständlich ab. Man meint, man hätte die Freiheit gewonnen. Aber die Beziehung zu Gott ist abgebrochen, der Mensch auf sich selbst zurückgeworfen. Es erscheint der „homo incurvatus in se" wie *Luther* sagte, der in sich selbst verkrümmte Mensch. Wenn dieser Mensch überhaupt noch ein Gegenüber kennt, dann nur den anderen Menschen, der aber als fremd und bedrohend empfunden wird. Das ist, grob gesagt, die Situation unserer Zeit. Wenn wir morgens die Zeitung aufschlagen, Politisches lesen oder hören, begegnet uns unablässig der (vermeintlich) allmächtige Mensch; und von der menschengemachten Politik scheint es abzuhängen, ob die Welt gerettet wird oder untergeht. So schrieb *Karl Marx* 1844, vier Jahre vor dem kommunistischen Manifest (in: „Zur Kritik der Hegelschen Religionsphilosophie"): „Es ist also die Aufgabe der Geschichte, nachdem das Jenseits der Wahrheit verschwunden ist, die Wahrheit im Diesseits zu etablieren... damit ein „zu Verstande gekommener Mensch... sich um sich selbst und damit um seine wirkliche Sonne bewege." – Das ist Aufklärung: der Mensch dreht sich „um sich selbst als seine wirkliche Sonne", nachdem „das Jenseits der Wahrheit" verschwunden ist.

3.3. „Gott ist tot"

Eine Generation später ließ *Friedrich Nietzsche* (1844-1900) in seinem Werk „Die fröhliche Wissenschaft" mitten am Tag einen „tollen Menschen" mit einer Laterne auf den Marktplatz springen und klagen: „Wohin ist Gott?", rief er, „ich will es euch sagen! Wir haben ihn getötet – ihr und ich! Wir sind seine Mörder! Aber wie haben wir dies gemacht?

Wie vermochten wir das Meer auszutrinken? Wer gab uns den Schwamm, um den ganzen Horizont wegzuwischen? Was taten wir, als wir diese Erde von ihrer Sonne losketteten? Wohin bewegt sie sich nun? Wohin bewegen wir uns? Fort von allen Sonnen? Stürzen wir nicht fortwährend? Und rückwärts, seitwärts, vorwärts, nach allen Seiten? Gibt es noch ein Oben und ein Unten? Irren wir nicht wie durch ein unendliches Nichts? Haucht uns nicht der leere Raum an? Ist es nicht kälter geworden? Kommt nicht immerfort die Nacht und mehr Nacht? Müssen nicht Laternen am Vormittag angezündet werden? Hören wir noch nichts von dem Lärm der Totengräber, welche Gott begraben? Riechen wir noch nichts von der göttlichen Verwesung? – Auch Götter verwesen! Gott ist tot! Gott bleibt tot! Und wir haben ihn getötet! ... Ist nicht die Größe dieser Tat zu groß für uns? Müssen wir nicht selber zu Göttern werden, um ihrer würdig zu erscheinen?“

Diese Worte sind beeindruckend. Nietzsche war Atheist, aber ein denkender Atheist, der die Neuzeit mit tiefem, ja prophetischem Blick analysiert hat.

Wiederum eine Generation später machte der Arzt und Dichter *Gottfried Benn* (1886-1956) das „Verlorene Ich“ immer wieder neu zu seinem Thema:

„Ob Rosen, ob Schnee, ob Meere,
was alles erblühte, verblich,
es gibt nur zwei Dinge: die Leere
und das gezeichnete Ich.“

(Strophe 3 aus „Nur zwei Dinge“)

„Ein Wort, – ein Glanz, ein Flug, ein Feuer,
ein Flammenwurf, ein Sternenstrich- ,
und wieder Dunkel, ungeheuer,
im leeren Raum um Welt und Ich."

(Strophe 2 aus „Ein Wort")

„...du auch, die Stimmen gerufen
und deinen Kreis durchdacht,
folge den schweigenden Stufen
abwärts dem Boten der Nacht."

(zweiter Teil aus Strophe 1 „Sieh die Sterne und die Fänge")

Die „eigene Sonne", von der Karl Marx, sprach verwandelte sich in Sonnenfinsternis. Wer ist der Mensch? Wie ein Engel mit dem flammenden Schwert fortan vor dem Paradies steht, so gibt es kein Zurück mehr für den Menschen in die Geborgenheit des Gottvertrauens. Auch dem modernen Menschen mit all seinen Künsten bleibt die Todesgrenze, die absolute Grenze aller Selbstentfaltung, unwiderruflich gesetzt. Die Grundstimmung des heutigen Menschen, sagen uns moderne Denker, ist die Angst. Das gilt für uns in Deutschland ganz besonders. Engländer sprechen mit leisem Spott von der „German Angst" als dem besonderen Kennzeichen der Deutschen. Was bedeutet das alles für das Menschenbild unserer Zeit im Licht der modernen Wissenschaften?

Hören wir dazu den Philosophen *Martin Heidegger*. Er sagte: „Keine Zeit hat so viel und so Mannigfaltiges vom Menschen gewusst, wie die heutige ... Aber auch keine Zeit wusste weniger, was der Mensch sei, als die heutige."

(In: Kant und das Problem der Metaphysik)

Noch präziser fasst der Theologe *Jürgen Moltmann* das Problem: Er stellte fest, dass unser Zeitalter das erste ist, „in welchem der Mensch sich völlig und rückhaltlos problematisch geworden ist, in dem er nicht mehr weiß, wer er ist, und zugleich an seiner eigenen schmerzhaften Unkenntlichkeit leidet."

(In: Das Gespräch, Heft 4)

Wer bin ich? – Ein aktuelles Thema! Ein gegenwärtig viel verkauftes Buch mit philosophischem Anspruch trägt den Titel „Wer bin ich und wenn ja wie viele?" In diesem Buch wird nicht einmal im Ansatz der Versuch unternommen zu erfassen, was den Menschen zum Menschen macht, also das charakteristische Humanum zu beschreiben, wie es die klassische Philosophie als ihre Aufgabe ansah, statt dessen werden locker verschiedene Theorien und Forschungsergebnisse unterhaltsam, aber ohne innere Verbindung, nebeneinander gestellt.

Warum ist das so? Wissenschaft, Forschung und Technik machen ständig Fortschritte. Das gilt auch für die Anthropologie, die Forschung im Blick auf den Menschen. Aber Politiker, Psychologen, Soziologen, Juristen, Mediziner usw. entwerfen ihr je eigenes Menschenbild und handeln entsprechend. Das ergibt den „homo politicus", den „homo sociologicus", den „homo oeconomicus", den „homo psychologicus" usw. Von allen Seiten wird der Mensch aspekthaft beleuchtet. Aber was das Ganze zusammenhält, was der Mensch ist, das kann und will keiner mehr sagen. Laut Goethe: „Man hält die Teile in der Hand, fehlt nur leider das geistige Band.“. – Gibt es einen Ausweg aus dieser Situation?

4. Die Heimholung des Menschen zu Gott, dem Vater: Erlösung und Vollendung

4.1. Bibel, christlicher Glaube und Aufklärung

Die Freisetzung des Menschen ist etwas Gutes. Das gilt selbstverständlich nicht im Sinne einer kurzschlüssigen Aufklärung, die viele Wahrheiten weggewischt hat, nämlich die Realität des Bösen und dass der persönliche Gott die Grenze des Menschen bestimmt, dass es sich nicht um einen philosophischen Gott handelt, der irgendwelche Gesetze macht, sondern um den Gott der Bibel, zu dem man in Beziehung treten kann. Die Aufklärung ist und bleibt eine sehr wichtige Epoche der abendländischen Geistesgeschichte, hinter die wir nicht zurück wollen, gerade als Christen nicht. Ich bin ein Freund der Aufklärung, aber einer aufgeklärten Aufklärung, die um ihre eigenen Grenzen weiß, die sich nicht verabsolutiert. Wenn man in der Zeitung die verbreitete These liest, das Christentum sei gegen die Aufklärung und die Aufklärung stehe gegen das Christentum, dann kann man über so viel kurzschlüssiges Denken nur den Kopf schütteln. Die abendländische Aufklärung konnte nur auf jüdisch-christlichem Boden wachsen, weil die Bibel keinen ontologischen, autoritären Gottesbegriff vertritt und es biblisch um die Freiheit des Menschen geht. Das Angebot der personalen Gottesbeziehung steht dem Menschen frei. Er kann es ablehnen oder annehmen. Aber der moderne Mensch hat sich, losgelöst von Gott, zum Objekt seiner selbst gemacht. Der moderne Mensch meint, er könne sich selber kreieren. Das ist der Fehler einer sich selbst verabsolutierenden Aufklärung, die immer wieder in Ideologie umschlägt. Recht verstandene Aufklärung steht nicht nur nicht im Gegensatz zum biblisch-christlichen Glauben, sondern geht mit ihm Hand in Hand. „Es gibt keinen intimeren Freund des gesunden Menschenverstandes", sagte Karl Barth, „als den Heiligen Geist."

4.2. Die unwiderrufene Gnade Gottes

Hören wir wieder auf die Bibel: „Zum Bilde Gottes schuf er sie", heißt es dort über den Menschen. Der Sündenfall brachte viel Schuld, Verwirrung, Leid und Tod. Aber eines konnte er nur verdunkeln, nicht zerstören: die Gottebenbildlichkeit des Menschen! Dies ist freilich kein menschliches Verdienst, sondern eine Gnadentat Gottes, der den Menschen nicht fallen ließ. Der Gott der Bibel will seine Heilsgeschichte fortführen. Nochmals: Die Gottebenbildlichkeit des Menschen ging mit dem Sündenfall nicht verloren. Zugespitzt gesagt: Auch Adolf Hitler war und blieb trotz all seiner schrecklichen Taten Gottes Ebenbild. Das hört sich zunächst furchtbar an, aber es ist eine Aussage über die unendliche Gnade Gottes, die man moralisch aushalten muss.

Die Gottebenbildlichkeit ist unzerstörbar. Doch diese Unzerstörbarkeit wird heute vielfach zwar nicht theoretisch, jedoch praktisch in Frage gestellt. Denn sie ist mit unserer angemaßten absoluten Freiheit nicht vereinbar. Durch die bindungslose Freiheit trat die vermeintliche Autonomie des Einzelnen an die Stelle der Gottebenbildlichkeit. Jeder darf schrankenlos über sich selbst verfügen. Wie bei einem trotzigen kleinen Kind und zugleich mit selbst vergöttlichendem Anspruch lautet die These, an die niemand rühren darf: „Das ist meine Identität". Manche politischen Kräfte wollen der so verstandenen Identität des Einzelnen sogar Verfassungsrang verleihen. – Damit kommen wir zu aktuellen Themen wie aktive Euthanasie, Sterbehilfe usw. Grenzenlose Autonomie! Jeder soll frei bestimmen dürfen, sogar über seine eigene, selbst gewählte Todesstunde. Doch absolute Autonomie ist illusorisch, denn der Mensch ist ein Gemeinschaftswesen und auch die eigene angeblich ganz freie Entscheidung ist von der Umwelt mitgeprägt. Die Gottebenbildlichkeit des Menschen jedoch bleibt unzerstörbar. Der Mensch kann machen, was er will, denn Gott sucht trotzdem die Beziehung zu ihm, auch wenn der Mensch seinerseits die Beziehung abbricht. Das ist biblisches Denken! Das Alte Testament bezeugt: Israel kann als Gottes Volk noch so oft von ihm abfallen und Irrwege gehen – Gott schafft „phantasievoll" immer neue Ansätze in seiner Heilsgeschichte. Das Neue Testament bezeugt: Seit der Auferstehung Jesu Christi gilt das fortgesetzte göttliche Heilsangebot allen Menschen.

4.3. Die Menschenwürde

Gottebenbildlichkeit heißt in säkularer Sprache „Menschenwürde". Der hohe Stellenwert der Menschenwürde in der Neuzeit ist ein „Säkularisat" des christlichen Glaubens. Auch die weltweit gültige (aber keineswegs weltweit eingehaltene) „Allgemeine Erklärung der Menschenrechte" von 1948 durch die UNO ist aus abendländischem Geist erwachsen. Ebenfalls entspricht es dem biblischen Sinn, wenn es im deutschen Grundgesetz von 1949 in Artikel 1, Abs.1 als Fundament aller weiteren Ausführung heißt: „Die Menschenwürde ist unantastbar."

Zum rechten Verständnis dieser Grundlage der juristischen Verfassung unseres Landes ist allerdings wichtig: Die Gottebenbildlichkeit kann man nicht an Eigenschaften festmachen. Und wenn es heißt, die Menschenwürde sei unantastbar, so bedeutet dies in gleicher Weise, dass auch die Menschenwürde nicht an Eigenschaften gebunden werden darf. Sobald das geschieht, ist sie nicht mehr gesichert. Denn welche Eigenschaften sollen für verbindlich erklärt werden, um Menschenwürde zu garantieren?

Genau an dieser Stelle geschah jedoch in den letzten Jahren ein Dammbruch in unserer Gesellschaft. In der Frankfurter Allgemeinen Zeitung vom 3. Sept. 2003 (S. 33-35) veröffentlichte der frühere Verfassungsrichter *Ernst-Wolfgang Böckenförde* einen Aufsatz unter dem Titel: „Die Menschenwürde *war* unantastbar"! Er nimmt dabei Bezug auf die Neuinterpretation von Grundgesetz Artikel 1 in der Neubearbeitung des Grundgesetzkommentars von Maunz-Dürig. Diese Neubearbeitung geschah durch den Juristen Matthias Herdegen, dessen Schlüsselsatz lautet: „Trotz des kategorialen Würdeanspruchs aller Menschen sind Art und Maß des Würdeschutzes für Differenzierungen durchaus offen, die den konkreten Umständen Rechnung tragen." – Was aber heißt hier: „Konkrete Umstände"? – In welche Richtung die neueren gesellschaftlichen Entwicklungen aufgrund solcher Relativierung gehen können, zeigt das Büchlein des weltbekannten australischen Philosophen Peter Singer „Praktische Ethik" (Reclam 1984; Original: Cambridge 1979). Singer will die Geltung der Menschenwürde an konkrete Umstände knüpfen und zählt deshalb *Bedingungen* auf, unter anderem:

- Selbstbewusstsein;
- Fähigkeit zur Selbstbestimmung,
- Reflexionsvermögen,
- Vernunft,
- Pragmatik (=Tatsachenwahrnehmung),
- Streben nach Glück(smaximierung),
- Schmerzempfindlichkeit.

Nun ist klar, dass z.B. ein Koma-Patient oder ein Embryo diese Eigenschaften nicht besitzt. Von daher öffnet sich eine ganze „Büchse der Pandora" über Abtreibung, Euthanasie, Präimplantationsdiagnostik, Patientenverfügungen mit dem Verlangen nach Suizid usw. Das alles sei hier nur angedeutet, um dies eine festzustellen: *Menschenwürde kann nur dann als unveräußerlich geschützt werden, wenn an ihrer transzendenten Begründung in der Gottebenbildlichkeit festgehalten wird!*

4.4. Geschenk und Berufung

Abschließend sei noch darauf hingewiesen, dass die Gottebenbildlichkeit von der Schöpfungsgeschichte her ein *Geschenk* Gottes, von der Heilsgeschichte her eine *Berufung* Gottes ist – eine Berufung für den in Sünde gefallenen Menschen, aus seiner Selbstbezogenheit und Verlorenheit, wie sie Nietzsche exemplarisch beschrieben hat, zu Gott zurückzukehren. Gott hält diese Beziehung aufrecht und bietet sie uns Menschen in Jesus Christus täglich neu an. Denn Jesus Christus selbst ist das Urbild der Gottebenbildlichkeit. Durch ihn und in ihm kann der Mensch zu seinem schöpfungsgemäßen Urbild zurückkehren.

Gottebenbildlichkeit heißt griechisch EIKON. So lesen wir in Kolosser 1,15 über Jesus Christus: „Er ist die EIKON – das Ebenbild des unsichtbaren Gottes." Er ist der „zweite Adam", der Mensch, wie er von Gott vor dem Sündenfall gedacht war. In ihm wird die verlorene Gottebenbildlichkeit des Menschen geschichtlich neue Wirklichkeit. Es handelt sich um die Gottebenbildlichkeit in ihrer unverkürzten und unzerstörten Form und Fülle, wie sie Adam im Paradies vor dem Sündenfall besessen hat, *nicht als Götzenbild der angemaßten Gottgleichheit* (ontologisch) im Widerspruch gegen das Gebot „du sollst dir kein Bildnis (und auch kein verabsolutiertes Selbstbildnis) machen", *sondern in Beziehung auf den Schöpfer*. So beschreibt der Apostel Paulus in Römer 5 Jesus Christus als den zweiten Adam, an dem wir durch den Glauben Anteil gewinnen können: Denn wie durch den ersten Adam Sünde und Tod in die Welt gekommen sind, so vermittelt uns Jesus Christus als der zweite und neue Adam volle Gottesgemeinschaft, Gerechtigkeit und ewiges Leben in der Gottesgemeinschaft (vgl. Römer 5,12-21). Paulus vertieft diese Aussage 1 Korinther 15, 21-22: „Denn da durch *einen* Menschen [Adam] der Tod gekommen ist, so kommt auch durch *einen* Menschen die Auferstehung der Toten. Denn wie sie in Adam alle sterben, so werden sie in Christus alle lebendig gemacht werden." Im achten Kapitel des Römerbriefes bestätigt der Apostel, dass die Auserwählten „gleich sein sollen dem *Bild seines Sohnes*" (Römer 8,24). Das Bild Christi ist das, was uns prägen soll.

Das hat ethische Auswirkungen: Kolosser 3,8-10 ergeht die bildliche Aufforderung an die Christen, „den alten Menschen mit seinen bösen Eigenschaften auszuziehen und den neuen Menschen anzuziehen, der erneuert wird zur Erkenntnis *nach dem Ebenbild dessen, der ihn erschaffen hat,*" also nach dem Ebenbild des Schöpfers. – Endzeitlich in der ewigen Vollendung wird die erneuerte Gottebenbildlichkeit laut 1. Korinther 15,47.49 einen noch höheren Grad der Vollkommenheit als die paradiesische erreichen: „Denn der erste Mensch ist von der Erde und irdisch; der zweite Adam ist vom Himmel... Und wie wir das Bild [EIKON] des irdischen getragen haben, so werden wir auch das Bild [EIKON] des himmlischen tragen.“

4.5. Dankbarkeit und Staunen

Dankbarkeit und Staunen über das Wunder des Lebens sollte das Ziel dieser Vortragsreihe sein. Ich denke, nachdem wir die biblischen Zusagen über die Größe und Bedeutung der Gottebenbildlichkeit gehört haben, ist Dankbarkeit und Staunen am Platz. Zum Schluss sei auf die biblische Aussage über die Gottebenbildlichkeit verwiesen, die *schon jetzt* allen Christen gilt:

„Der HERR [„kyrios“] aber ist der Geist; wo aber der Geist des HERRN ist, da ist Freiheit. Wir aber spiegeln mit aufgedecktem Angesicht die Herrlichkeit des HERRN und werden dadurch in dasselbe Bild [EIKON] verwandelt von Herrlichkeit zur Herrlichkeit, von dem HERRN aus, welcher Geist ist.“ (2. Korinther 3,17.18).

Das ist die Fülle der Menschenwürde, wie sie uns biblisch bezeugt wird. Ich denke, dass wir bei aller Wissenschaft auf die Bibel verwiesen sind, wenn wir das Wunder des Lebens mit seinem größten Wunder, der menschlichen Gottebenbildlichkeit, erfassen wollen. Wir dürfen unsere abendländische Wissenschaft hoch schätzen, weil sie die Freiheit des Menschen zur Weltgestaltung in die Hand genommen und uns durch ihre

Schwester, die Technik, viele Lebenserleichterungen geschaffen hat. Bei allen Erfolgen sollte dem Erfolgsdenken jedoch die Grenze gesetzt bleiben, die durch die Verantwortung vor Gott gegeben ist. Gerade mit dieser Begrenzung, die in Wahrheit keine Begrenzung ist, kommt die Gottebenbildlichkeit zur freien Entfaltung, nämlich als verantwortliche Beziehung zu Gott und gegenüber dem Nächsten unter Einschluss kommender Generationen.

Im Gesangbuch (EG S. 665) finden wir ein Wort Martin Luthers zur Menschenwürde:

Ich bin würdig gewesen, dass mich Gott, mein Schöpfer, aus dem Nichts geschaffen hat und in meiner Mutter Leib gebildet.
Ich bin würdig gewesen, dass mich Gott durch seines eingeborenen Sohnes Tod erlöst hat.
Ich bin für würdig erachtet, dass der Heilige Geist mich über Jesus Christus, Gottes Sohn, gelehrt hat und Lust und Liebe zum Evangelium in mein Herz gegeben hat.
Ich bin für würdig erachtet, dass ich durch göttlichen Beistand in so viel Anfechtung, Gefahr und Widerstand erhalten werde gegen Satan und die Welt.
Ich bin für würdig erachtet, dass mir Gott bei ewiger Ungnade nachdrücklich geboten hat, durch Christus an keinem dieser Punkte und an seiner Gnade und an seinem Vaterherzen irgendwie zu zweifeln.
Darum will ich, HERR, Deiner Werke gedenken und betrachten die Geschäfte Deiner Hände.

Printed by Books on Demand GmbH, Norderstedt / Germany